강준관장이 전하는 공권유술의 훈련비법공개!!

누구나 **무술의 달인**이 되는 간단한 방법

최강의 파이터 싸움의 법칙 저자 '강준'
공권유술 창시자 '강준'이 전하는 유쾌한 무술 비법

무술의 고수가 되고 싶다구요?
여기 그 방법이 있습니다.
매우 간단합니다
당신이 어떠한 무술을 하든지 종목에 구애 받지 않아도 됩니다.
운동신경이 조금 둔해도 괜찮습니다.
여성이시라구요? 아무 문제없습니다.
나이도 상관없습니다.
무술을 즐길 생각만 있으면 됩니다.
이제 저를 따라 오십시오.
재미있는 무술세계에 여러분을 초대합니다.

저자소개

이름: 강 준(康 峻)
현)사단법인 대한 공권유술협회 회장

12세에 팔광류 유술(八光流 柔術) 야와라를 시작으로 하여 유도, 검도, 태권도, 합기도, 킥복싱, 격투기 등과 같은 무술을 수련하면서 그 무술에 대한 다양한 이론을 공부하여 전통무술과 실전무술의 차이점을 인식하고, 새로운 스타일의 무술을 연구하게 됩니다. 그 결과로 1996년 공권유술을 창시[創始]하여 효시[嚆矢]가 됩니다. 이후 1998년에 대한 공권유술협회를 창단 발족하여 이후 사단법인화를 하게 됩니다.

현재, 공권유술은 한국의 정통무술로 뿌리내려 정착하여 지금은 국내외를 비롯한 세계 각국의 많은 무술인들이 그를 찾아 공권유술의 실전테크닉과 무술적 철학을 배우고 있습니다.

〈저서〉
싸움에서 무조건 이기는 방법(학민사)
최강의 파이터(입문편)-오성출판사
최강의 파이터(실전편)-오성출판사
싸움의 법칙(오성출판사)
실전대련테크닉(오성출판사) -한국 최초의 전문 유술교본
공권유술 바이블 -타격편- (오성출판사)
싸움 잘하는 놈의 비밀노트(오성출판사)
실전격투기에 필요한 속임수의 전략(오성출판사)

이메일: master@gonkwon.com
홈페이지: www.gongkwon.com

지은이의 말

　모든 무술은 언제나 기본이 중요시됩니다. 기본 동작이 잘 훈련되어야지만 몇 년 후에 기술의 향상을 기대할 수 있습니다.
　이것은 가장 중요한 원칙으로, 이제 막 무술을 시작하여 10년 후에 무술인으로 대성을 하기 위한 수련생의 기본자세입니다.
　그러나 이러한 수백 년 전 또는 수십 년 전 방식의 프로그램은 현대의 무술 수련생들에게 외면을 당하고 있습니다. 재미가 없다는 이유 때문입니다.
　새롭게 입문한 신입수련생은 하루를 수련하게 될 지, 한 달을 수련하게 될지 알 수 없습니다. 그럼에도 불구하고 몇 년 후의 기술향상을 위하여 매일같이 똑같은 동작을 반복한다는 것이 그들을 질리게 합니다.
　빠르게 돌아가는 현대사회는 현대인들의 의식구조를 바꾸어 놓았습니다. 하지만 무술 훈련만큼은 이러한 실정을 따라잡지 못하고 있습니다.
　아주 기본적이고 단순한 동작을 며칠, 몇 개월, 몇 년 또는 수십 년을 계속해서 반복해야 하고, 새로운 기술을 익힐 기회가 주어지는 경우보다 이미 알고 있는 기술을 더 잘 할 수 있도록 훈련하는 경우가 태반입니다. 이것은 무술이 농구나 골프보다 훨씬 재미없다는 인상을 주기에 충분합니다.
　많은 무술 사범들이 새로운 무술프로그램을 개발하지 않고, 오직 자신의 스승에게서 배운 똑같은 시스템으로 자신의 제자들을 수련하고 있습니다.　자신이 가장 잘 알고 있는 방법으로 지도하는 것이 당연하고 좋은 것이겠지만, 이러한 진보되지 않은 과거의 무술 시스템과 지도 방법은 새로운 것을 추구하는 현대의 무술 수련생들에게 외면을 받을 수밖에 없습니다.

　필자가 추구하는 무술이란? 즐겁고 재미있는 것입니다.
제가 지금까지도 무한한 애정을 가지고 무술을 수련하는 것, 제자들에게 공권유술을 지도하는 것은 그만큼 무술이 즐겁고 재미있기 때문입니다.

 많은 사람들이 공권유술을 수련하는 가장 큰 이유 중의 하나는 땀을 흘리며 자신을 단련하는 일이 너무나 행복하기 때문일 것입니다.

 이제 막 도장에 입문한 초보자나 수년간을 수련한 유단자들 모두는 자신의 몸이 만들어 내는 새로운 경지를 맛보게 됨으로서 수련에 재미를 느끼게 되며, 새로운 기술이나 몸이 반응하는 정도에 따라 새로운 흥미가 유발되는 과정을 연속적으로 경험하게 됩니다.

 공권유술을 접해보지 못한 사람들 중에는 공권유술이 단순히 과격하다고 생각하는 이들이 있습니다.

 물론 공권유술은 과격한 면이 있습니다. 그러나 이것은 어디까지나 시합에서의 일입니다. 시합이란 승패가 있는 것이고, 승리를 위해 싸우는 경기이기 때문에 양보란 있을 수 없습니다. 오직 최선을 다해서 게임에 임하므로 과격함을 배재할 수 없습니다. 하지만 일반 수련에서는 시합에 임하는 것처럼 수련을 하지는 않습니다. 이는 당연한 것입니다.

 초보자의 프로그램과 고단자의 프로그램으로 나누어 수준별로 제공하는 공권유술은 정통무도를 추구합니다.

 안전한 시스템에서 부상의 위험을 줄이고, 옛것을 지키면서도 현대적이고 개선된 방법의 수련이 이루어지기 때문에 많은 수련생들이 공권유술에 환호하고 있으며, 재미가 있다고 하는 것입니다.

 무도적 가치측면에서 공권유술이 현대인들에게 주는 무술 이미지는 매우 긍정적입니다. 뿐만 아니라, 공권유술로 인하여 타류의 무술들도 함께 변화 발전되어가고 있는 것은 무척 고무적인 일입니다.

 이 책에서는 공권유술 도장에서 일어난 에피소드들을 엮어서 수련에 도움이 되도록 했습니다.

 어떤 방식으로 공권유술을 수련하는지 완전히 이해할 수는 없겠지만, 공권유술을 이해하는데 조금이나마 도움이 되리라 생각합니다.

지은이 강준

차 례

1. 입관을 환영합니다! 호신(護身)!! **12**
2. 발목 부러지는 낙법! **22**
3. 원 빤찌 쓰리 강냉이 **43**
4. 도(道)에 대해서 아십니까? **82**
5. 주먹공장의 공장장! **100**
6. 제4회 전국 공권유술 토너먼트 **112**
7. 맞추지 못하면 개미도 못 죽인다. **136**
8. 심사는 뭣 하러 봅니까? **147**
9. 왜? 강해지지 않는가? **160**
10. 스프링벽의 비극 **184**
11. 스승과 제자 **200**
12. 자신의 실력을 극대화할 수 있는 요령 **211**
13. 하수에서 탈출하기 **236**
14. 공권유술의 기술체계와 프로그램 **245**

등장인물

1. 필자

서울 신당동에서 공권유술도장을 운영하고 있다. 누가 술 사주는 것을 무진장 좋아하며 제자들과 함께 공권유술을 수련하는 것이 가장 즐겁다.

2. 이승호 고문

조흥무역의 대표로서 중국 무역업을 하고 있다. 또한 공권유술협회 건물 1층에서 '한가람 문구점'도 함께 운영하고 있다. 하지만 어떤 이유에서인지 사람들이 '한가해 문구점'으로 착각한다. 그래서일까. 문구점에는 손님이 별로 없으며, 늘 한가한 느낌이 든다. 자동차사고로 3급 장애우가 되었음에도 불구하고, 불편한 다리로 100미터를 13초대에 주파하는 놀라운 마력을 지니고 있다.

 수련시간에는 다리가 허리 이상 올라가지 않아서 발차기를 하는 시간만 되면 오줌이 마렵다고 화장실을 간다.

한 가지 신기한 일은 제3회 블랙벨트 패왕전에서 특별매치로 경기를 한 적이 있었는데, 발차기로 상대의 안면을 타격하여 한판승을 따낸 적이 있다.

시합이 끝나고 다음날 발차기를 하는데 역시 허리 이상 올라가지 않는다.

3. 김세영 고문

인쇄업체를 운영하는 사장님이신데 가장 미스터리한 분이다.
왕년에 안 해본 것이 없고, 안 가본 곳이 없으며, 안 먹어본 것이 없다고 한다. 군대에서 5년 가까이 근무하고 전역했다고 해서 특전사 출신인 줄 알았는데, 나중에 알고 보니까 방위란다…. 그런데 정말로 4년을 넘어서 전역했다. 나이와는 전혀 관계없이 발차기 솜씨가 일품이다. 현재 공권회의 회장직을 맡고 있다.

4. 이희철 자문

말수가 적고 얌전하다.
이승호 고문과 김세영 고문에게 날마다 괴롭힘을 당해도 끝까지 붙어 다닌다. 공권유술에 대한 식견이 풍부하고 언변이 뛰어나며, 도장 수련생들과의 친목이 두드러진다.

5. 이충효 사범

군대를 막 제대하고 까까머리 수련생으로 입문을 했으며, 필자와 함께 많은 활동을 해오고 있다.

언제나 믿음직한 모습을 보여주며, 죽으라면 죽지는 않고 그냥 죽는 시늉은 한다. 우직하고 충실하다.

발차기와 수기, 와술에도 뛰어나지만 특히, 공권유술계를 통털어 본(本)을 가장 잘 이해한다. 수석사범의 역할과 맏형으로서의 책임과 소임을 다한다.

6. 채승협 사범

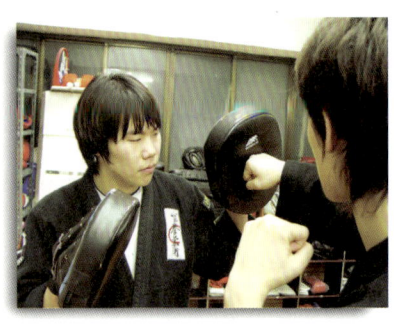

처음 일반 수련생으로 입관하여 필자의 제자가 되었지만, 결국은 사범으로 공권유술계에 입문(入門)했다. 도장의 여자수련생과 눈이 맞아서 지금은 열애중이다.

공권유술에 대한 애착심이 강하고 노력형이다. 수련생들에게 대단히 친절하고 상냥해서 인기가 좋다.

7. 이근만 교사

4년째 공권유술을 수련 중이다.
언뜻 보면 30대 중반으로 오해를 할 수 있지만, 이제 갓 스물을 넘겼다.
덩치가 좋고 힘이 장사다. 만화주인공 같은 캐릭터를 가지고 있지만, 성격이 온순하고 우직한 성품을 지니고 있다.

8. 이천목

공권유술 빨간 띠의 수련생으로 용산 전자상가에서 점포를 운영한다.
공권유술에 대한 열정이 대단하며, 항상 많은 의문점을 가지고 왕성한 호기심으로 공권유술을 파고들지만, 음주가무를 좋아한다. 그래서인지…, 노총각이다.
사진 속의 트로피는 도장 내에 진열해놓은 것을 단순히 들고 찍은 것이므로 오해 없으시길 바란다.

1. 입관을 환영합니다!
호신(護身)!!

"여기 관장이 누구요?"

"접니다만..; 누구시죠?"

사무실에 들어서는 순간부터 이곳저곳을 두리번거리며 눈을 하도 부라려서 구청에서 뭔가 단속하러 나온 사람인 것으로 짐작하고 순간 '움찔'했다.

"나요? 운동 쪼까 하러 온 사람이 올씨다~"

운동하러 왔다는 말투도 그렇고 슬리퍼를 직직~끌고 반바지에 런닝구 차림으로.. 척~! 보는 순간부터가 못 마땅하다. 게다가... 이 양반, 말을 꺼내 놓는 자체가 시비조이고 빚을 재촉하는 고리대금업자 처럼 날카롭다.

더욱이 야구모자를 눌러쓰고 봉창에 손을 넣고 소파에 앉는 폼이 영~ 찜찜하다.

소파에서도 다리를 꼬고 팔짱을 끼고 반쯤 누워서, 앉아있는 것인지 자빠져 있는 것인지 도대체 구분이 안가는 묘한 자세를 취한다.

속으로야 '참 싸가지가 바가지네..'라고 수십 번 지껄이지만 그렇다고 내색은 할 수 없는 법!

나름대로 부드러운 미소로 최대한 공손하게....."어떻게 알고 오셨습니까?"
라고 물으니까....

"그냥 인터넷 보고 왔는데..."라고 대답한다.

이건 반말도 아니고 존댓말도 아니고 그냥 말끝을 슬그머니 흐린다.

턱어리로 밖을 가리키면서 사무실 옆에 붙어있는 곳이 수련장이냐고 묻는다.

입관을 하기도 전에 회비가 비싸느니 도복비를 깎아 달라느니 말이 많고 어수선하다.

입관원서를 쓰겠다며 볼펜을 내놓으라고 말하는데...

솔직히 말한다면, 그냥 그놈의 이마빡에다가 볼펜을 푸악~ 꽂아주고 싶다.

어찌어찌하여 우여곡절 끝에 입관을 하게 되면, 도장의 분위기가 좋고, 함께 수련하는 동료수련생들이 친근감이 있어 언제나 웃는 얼굴로 대해 태도가 바뀌는 경향이 많지만, 첫인상을 좋게 하는 것 또한 무술인의 자세이며, 무술 수련을 오로지 신체를 단련하는 것으로만 해석해서는 안 된다는 것을 누누이 강조하고 싶다.

입관하는 사람들이 돈만 내면 무조건 공권유술은 배울 수 있는 것이고, 관장이나 사범들은 이렇다 저렇다 아무 소리 하지 말고 그냥 무조건 친절히 잘 가르쳐라! 하는 생각을 하고 있다면 매우 곤란하다. 물론 무술도장도 서비스업에 해당되고 교육업으로 분류되어 옛날의 주먹구구식 얼렁뚱땅 교육은 이제 통하지 않는다.

당연히 사범이나 관장은 친절과 세심함으로 수련생들을 지도하겠지만, 무술에서는 예가 무엇보다 중요하듯, 배움의 길을 가는 수련생이 갖추어야 할 예의 자세는 더욱 중요하다.

이것이 지켜진다면, 나뿐만 아니라 어떤 무술 사범이라 하더라도 수련생에게 자신의 기술이나 철학을 하나라도 더 가르쳐주고 싶어서 안달바가지가 날 것이다.

누구든 첫인상을 좋게 보이고 싶어 하는 것을 당연하게 생각 한다.

누군가 도장에 첫발을 들이고 입관에 대한 문의를 해 온다면, 나 또한 공손한 말투로 그 분을 소파로 안내하고 간단한 음료수라도 대접한다.

웃는 얼굴과 공손한 태도, 그것은 내가 도장을 처음 방문하는 이에게 지켜야할 예(禮)이며, 무술인으로서의 나 자신에 대한 약속이기도 하다.

가끔 도장의 수련방식이나 연습장면들을 보고 싶어 하는 분들이 있다. 대부분의 사람들이 도장의 수련을 참관하기 위하여 미리 전화를 하고 약속을 받아 그 시간에 와서 수련을 참관한다. 그 분들이 도장 안의 소파에 앉아 수련을 참관할 때, 나는 최대한 공권유술 수련이 재미있고 유익하다는 것을 알리기 위하여 여러 가지의 기술들과 수련에 관한 프로그램을 보여준다. 이것은 참관을 하러 오는 사람이나 수련을 이끌어가는 사람 모두에게 매우 흐뭇한 일이다.

내가 흐뭇한 것은 그의 태도에서 무술에 대한 존중심과 자신의 수련 참관으로 인해 여타 수련생의 수련에 방해되지 않았으면 하는 마음을 읽을 수 있다는 것 때문이며, 그가 지도사범을 예로서 대한다는 것을 느꼈기 때문이다.

하지만 어떤 이들은 수련시간이 7시라면, 3시부터 예고 없이 찾아와 참관을 한다. 뿐만 아니라, 도장의 이곳저곳을 돌아보며 수 시간 동안 소파나 사무실을 기웃거리며 수련이 시작될 때까지 기다린다.

이는 사범이나 관장에게 불필요한 신경을 쓰게 하는 일로 업무에 많은 방해가 되며, 예가 아니다. 더욱이 특별한 이유 없이 1시간이고 2시간이고 면담을 요구하여 정상적인 업무를 할 수 없게 되면 참으로 난처하다.

상대가 기분 상해하지 않을까 걱정하는 마음으로 용기를 내어 아직 수련시간이 많이 남았으므로 7시에 찾아오라고 하면, 다음 날 인기 있는 무술카페의 인터넷에 사범이나 관장이 자신의 자존심을 무너뜨렸다고 난리 법석을 떨며 악플을 단다.

전자와 후자를 비교하였을 때, 누구든지 전자와의 인연을 소중하게 여기게 될 것임은 두말할 나위도 없다.

특히, 나의 경험에 비추어 보면, 무력이 어느 정도 경지에 오른 유단자들은 실력이 높을수록 더욱 겸손하고 예의가 바르며, 상대를 배려한다는 것을 알 수 있다.

이제 막 입관한 수련생을 지도하는 것은 정말 즐거운 일이다.

그들은 배움에 대한 열망으로 가득 차 있으며, 뭔가 새로운 세계에 접근한다는 호기심으로 두 눈이 반짝인다.

특히, 무술을 전혀 접해 보지 못한 사람일수록 그 눈빛이 더욱 초롱초롱하다. 물론 와술(臥術)도 엉망이고, 낙법도 '우당탕탕' 형편없다. 하지만 그러면 어떠한가? 그가 이제 막 공권유술에 입문(入門)을 했고, 공권유술의 일원이 되었으며, 지금 공권유술을 배우고 있다면 그깟 어설픈 폼이 무슨 대수이랴?

지금까지 필자가 이러한 이야기를 장황하게 한 것은 무술을 수련하면서 필요한 가장 기본적인 예의가 무엇보다 중요하다는 것을 말하고 싶은 것이며, 지구상의 모든 무술은 예로 시작하여 예로 끝난다는 것을 알리고 싶은 마음에서다. 뿐만 아니라, 공권유술의 수련생들은 모두 예의가 바르고 지도자 역시 무척 예의가 바르다는 것을 어필하고 싶다.

무술에서의 기술이란 반복된 연습으로 이루어지며, 하나의 능숙한 동작에 불과하다.

결국은 누구나 해낼 수 있는 이러한 기술을 한 가지 더 익히려고 혈안이 되는 것보다 그 기술을 익히는 과정이 훨씬 재미있고 유익하다는 것을 인식하고 그 과정에서 파생되는 여러 가지 현상들을 즐겨야 한다.

지금부터 풀어갈 내용은 공권유술에서 초보자가 배울 수 있는 여러 가지의 기술과 공권유술의 정보이다.

당신이 충분히 배울 마음이 있고, 공권유술을 즐길 준비가 되어 있다면, 지금부터 공권유술에 입문하여 첫날부터 배우게 될 여러 과정들을 알려주도록 하겠다.

인사법

입식에서 상대의 얼굴을 바라보며 절도 있게 인사를 한다.

와술이나 좌술을 할 때는 정좌 상태에서 예를 갖춘다.

공권유술의 정식 구호는 '호신(護身)'이다.

 이것은 무술의 수련과 그 실제 응용에 있어서 자기 자신을 포함한 위협받는 모든 대상으로부터의 정당한 방어에 중점을 두는 것을 말하며, 상대를 사심으로 해하지 않는 무도정신을 지키고 평화와 화합의 길을 지향하는 무덕을 갖추는 것을 강조한다.

 더욱이 호신은 효(孝)의 근본이며, 자기사랑의 기본이다.

 호신이 되어야 호가(護家)를 만들 수 있으며, 호신이 되어야 호국(護國)이 이루어지기 때문이다.

전반적인 의미에서 호신은 모든 상생(相生)의 으뜸이 된다.

수련의 시작과 중간, 끝 모두에 있어서 스승과 제자, 관(館)내의 선배와 후배, 수련생 전원은 '호신'의 구령으로 인사를 주고받는다.

두 발을 가지런히 모은 후, 오른쪽 주먹을 단단히 쥐고 왼손은 펴며, 오른쪽 주먹에 왼쪽 손바닥을 가져다 댄 상태에서 상대에게 45도로 허리를 굽혀 인사한다. 주먹은 공격을 상징하며 이것을 멈추는 손바닥은 방어를 상징한다. 상대의 공격에 대하여 자기 자신을 지키는 호신무술의 정신을 예법과 자세로서 있는 그대로 표현한 것이다.

인사에 있어서도 무도인은 불시에 갑작스레 일어날 수 있는 상대의 도발을 허용해서는 안 되며, 항시 공격과 방어를 자유자재로 구사할 수 있도록 평정심 가운데에 잔심을 남겨두어야 한다. 공권유술의 인사법은 그 자체로서 하나의 견고한 자기 보호 기능을 가진 호신 자세이며, 혹 있을지 모를 상대의 기습적인 공격에 언제라도 능동적으로 대처하고 상대를 제압할 수 있는 또 하나의 제3기법이 된다.

도장의 풍경 구석구석

접니다....

집무실에서 바쁜 척하며 사무를 봅니다. 가끔 홈페이지 관리를 할 때도 있지만, 대부분 집필 작업과 원생 관리를 하고, 대외적인 활동 스케줄을 관리합니다.

가끔 반가운 제자가 찾아오면 그 핑계로 차(茶)를 마시며 담소를 나누곤 합니다.

채승협 사범

자리가 언제나 어수선합니다. 아직 나이는 어리지만 착실하고 성실합니다.

제자로 입문하여 도장에서 숙식하며 공권유술을 수련합니다.

도장의 자질구레한 일을 비롯하여 여러 가지 업무를 도맡아 처리하는 공권유술협회의 살림꾼입니다.

명판

입구에 들어서자마자 커다란 글씨가 들어옵니다. "공권유술" 해석을 하면 다음과 같습니다.

빌공(空)자 주먹 권(拳)자입니다. 즉 별다른 무기를 휴대하지 않은 맨손 상태에서 최상의 공방을 구사하는 것을 말합니다. 또한 이것은 좁은 의미에서는 공권유술에서의 모든 타격기법을 의미합니다.

"유술"은 부드러울 유(柔)자 재주 술(術)자입니다.
공권유술은 강함을 추구하고 유함의 실현을 이상으로 삼고 있습니다. 역시 이것 또한 좁은 의미에서는 공권유술에서의 모든 유술기법을 의미합니다.

* 흐름체의 붓글씨는 끊이지 않고 연속적으로 자연스럽게 이어지는 공권유술의 기술체계를 의미하며, 검은색 글씨는 끊임없는 단련을 통해 얻을 수 있는 "흑단"의 경지를 말합니다.
* 가운데의 원은 처음 무술에 입문할 때의 마음가짐을 그대로 유지하는 것을 의미합니다.
* 빨간색은 피땀 흘려 노력해서 고된 수련을 이겨내는 끊임없는 인내를 가리킵니다.

공권유술에는 시작은 있으나 끝은 없으며, 백 번 연습하고 천 번 단련하는 백연천마(百練天磨)의 정신을 통해, 궁극적으로는 강한 것이 곧 유한 것이며, 유한 것이 곧 강한 것임을 깨달아 무술을 통한 자아완성과 그 깨달음을 실천하는 인간을 양성하는 것에 그 정신적 목표를 두고 있습니다.

공권유술에 입관하는 첫날에는 공권유술에 대한 전반적인 소개가 있으며, 사범 또는 지도자와 많은 대화를 나누게 됩니다.

명패

처음 도장에 입관하게 되면 도복과 명패를 지급받게 됩니다.
명패를 받으면 비로소 공권유술에 입문하게 되는 것이죠! 자신의 명패를 자신이 직접 걸어놓을 때 모두들 감격해합니다.

공권유술의 역사

공권유술은 비록 10년 남짓한 짧은 역사를 가지고 있지만, 10년 동안 이룬 성과로 볼 때, 앞으로 100년, 200년 후에는 한국의 대표 무술로 자리매김하지 않을까 생각합니다.

공권유술이 밟아온 과정을 사진에 담아 걸어놓았습니다.

공권인은 한 가족입니다.

계산 선생님께 받아온 글씨입니다.

저나 공권유술을 수련하는 모든 수련생들은 끈끈한 가족애로 뭉쳐져 있습니다.

어려운 일이나 기쁜 일은 언제나 함께 합니다. 공권인은 모두 한 가족이기 때문이죠.

관내사진

왼쪽부터 저와 이승호 고문, 김세영 고문, 이희철 자문 등 원로의 사진이 걸려 있습니다.

처음에 공권유술 도관에 입문하게 되면 누가 누구인지 잘 모르지만, 사진과 명패를 자주 보면 쉽게 기억하게 됩니다.

앞으로 훌륭한 지도자가 많이 배출되어 아주 많은 사진이 걸려 있었으면 하는 바람을 가져 봅니다.

도장의 전경

공권유술 도장이 몇 년 사이에 여러 번 이사를 했습니다.

지금은 안정이 되었고 정도 들었습니다.

언제나처럼....

도장 안으로 들어서서 바라보는 도장 안의 풍경과 느낌이 그토록 좋을 수 없습니다. 천상 이것이 직업인가 봅니다.

좁고 땀 냄새 나는 곳이지만, 값진 땀을 뿌리며 많은 수련생들이 거쳐 간 곳이기에 사람 냄새가 진하게 배어 있습니다.

여러 가지 개인사정으로 인하여 도장에서 저와 함께 수련하지 못하는 분들이 많이 계시지만, 전 언제나 그들을 생각합니다. 좋은 추억이 되길 기대하면서 말이죠....

* 수련생이 도장에서 지켜야 할 기본예절 *

1. 출입을 할 때는 반드시 "호신"이라는 구호로 인사를 합니다.
2. 출입을 할 때는 국기에 대한 경례를 합니다.
3. 출입을 할 때는 관장님에게 인사를 합니다.
4. 윗사람에게는 앉아서 또는 누워서 인사하지 않습니다. 반드시 서서 인사를 합니다.
5. 도장 내에서는 반드시 경어를 사용합니다.
6. 지각을 했을 때는 몸을 푼 후에 도장의 좌·우측에서 지도자의 특별한 지시가 있을 때까지 정좌하고 기다립니다.
7. 수련 중 화장실이나 수련 도중 자리를 떠야 할 경우 반드시 지도자의 허락을 받습니다.
8. 수련 중 호명하면 "호신"이라는 구호로 대답합니다.
9. 도복의 띠를 맬 때는 태극기를 등지고 무릎을 꿇고 맵니다.
10. 수련 중에는 벽에 기대고 서 있지 않습니다.
11. 와술을 할 때는 반드시 앉아 있습니다. 자리를 이동 할 때는 무릎 걷기를 사용합니다.
12. 타격기나 특히, 메치기를 할 때는 도장바닥에 앉아 있지 않습니다.
13. 컨디션이 좋지 않을 때나 몸에 이상이 있을 때는 꼭! 지도자에게 말합니다.
14. 대련은 반드시 지도자의 입회하에 실시합니다.

2. 발목 부러지는 낙법!

"관장님은 낙법을 잘 치니까… 여기서 뛰어내려도 안 죽어요?"

창밖을 내려다보며 쭈쭈바를 '쭉쭉' 빨던 초등학교 3학년 수련생이 던진 질문이다.

"인간적으로… 4층은 좀 높다고 생각하지 않니?" 라는 말로 얼버무리긴 했는데… 가만히 생각해보니 나 또한 어릴 적에 사범님과 창밖을 내다보면서(사범님과 함께 4층 아래로 떨어지는 침방울을 바라보면서… 어쩌다 지나가는 사람 머리에 맞으면 창문을 닫고 시치미를 뗀다) 똑같은 질문을 했던 기억이 난다.

당시에 사범님은 "낙법을 열심히 수련하면 아무리 높은데서 떨어져도 끄떡없다!"라고 완전 생 구라를 쳤었고 난 그걸 진짜로 '철석같이' 믿었었다.

육교에서 뛰어내리려고 시도했던 나를 말려준 그 시절의 내 친구가 지금도 그렇게 고마울 수가 없다. 나는 어린 시절에도 낙법이 몸을 지켜주는 절대적인 기술이라는 것을 충실히 믿고 있었다.

수련생들은 처음부터 상대를 단번에 뻗게 만드는 KO기술이나 상대의 팔을 단숨에 분질러 버릴 수 있는 관절기를 곧바로 배우고 싶어 한다.
마치 모래 위에다가 63빌딩을 지으려고 하는 모양새이다.

낙법이라는 말을 인터넷에서 사전적 의미로 검색해 보니, 2가지의 의미로 구분되어 나왔는데,
*낙법(烙法)- '지질락(烙)'에 '방법법(法)' 자인데..., 한의학적으로 곪은 곳을 쇠꼬챙이로 '팍' 하고 쑤셔서 지지는 치료법으로 어쩌구 저쩌구 하는데..., 이건 아닌 것 같고....
*낙법(落法)- '떨어질낙(落)' 자에다가... '방법법(法)' 자로서... 유도에서 메치거나 나가떨어질 때 자기의 몸을 부상 없이 안전하게 유지하는 방법으로......, 옳거니! 이것이 분명하다!
사전적 의미에서도 분명 낙법이란?
메쳐질 때 자신의 몸을 안전하게 지키는 방법을 우선시하는 것이라고 분명히 나와 있다.

어째서 필자가 뻔한 이야기를 들고 나와 안 들어봐도 뻔한 스토리를 읊고 있을까?라고 생각하는 분들이 있겠지만, 낙법의 사용처를 정확히 알아야 부상을 미연에 방지할 수 있을 뿐만 아니라, 무력(武力)의 증진에도 도움이 된다고 생각하기 때문에 장황하게 설명을 하게 된 것이다.
이제 본론으로 들어가 이야기를 해 본다면... 일단 낙법의 종류를 한번 헤아려 보자!

월장낙법: 가장 대표적인 낙법으로 일명 고양이 낙법이라고 일컫는다.
장애물을 넘을 때 사용하는데, 마치 고양이가 높은 곳에서 떨어져도 소리 없이

가뿐한 착지를 하기 때문에 이와 비슷하다하다고 해서 붙여진 이름이다.
 몸에 무리가 없고 폼이 우아하다.

 전방회전낙법: 유도에서 메치기를 할 때 사용된다. 떨어지는 소리가 '우당탕탕' 매우 시끄럽고 넘어지는 액션이 과격하지만, 가장 기본적인 낙법이므로 무술을 수련하는 자라면 반드시 알아야 하는 낙법이다.

공중회전낙법: 공중에서 한 바퀴 돌아 옆구리 쪽으로부터 측면으로 떨어져 몸의 충격을 최소화 시키는 낙법이다. 떨어지는 자세는 전방회전낙법과 동일하며, 공중회전낙법을 익히기 위해서는 반드시 전방회전낙법을 충분히 연습해야 한다.

그 밖의 낙법: 전방, 후방, 좌·우측방 낙법으로 전, 후, 좌·우측으로 떨어지거나 넘어질 때 몸을 보호하는 낙법기술이다.

 위에서 소개한 낙법 이외에도, 기계체조를 응용한 낙법까지 포함한다면 생각보다 다양한 종류의 낙법이 있다는 것을 알게 된다.
 그러나 이와 같이 많은 종류의 낙법이 존재하지만 각각의 낙법에는 각기 그것에 알맞은 사용처가 정해져 있다는 것을 알게 하는 것이 이번 장의 주된 목표이다.

 예전 중학교 시절, 필자가 합기도 도장의 조교로 있을 때, 같은 나이 또래의 남학생이 입관을 했는데, 월장낙법을 기가 막히게 해내는 것이었다.
 작은 키에도 불구하고 어른의 키 높이 이상의 점프력으로 공중으로 날아 떨어지는데, 소리 하나 없이 부드럽게... 마치 공이 구르듯, 그리고 고양이가 착지를 하듯 우아하게 떨어지는 것이 아닌가? 낙법이란 이렇게 치는 것이다! 하는 교과서적인 표본(標本)을 보는 듯 했다.
 뿐만 아니라 공중에서 다리를 오므렸다 펴는 동작으로 인해 체공시간이 더욱 더 길게 느껴졌다.

어떠한 무술을 수련했느냐고 물어보니, 쿵푸를 초등학교 저학년 때부터 해왔단다.

음 쿵푸라… 그 유명한 '리 소우 룽(이소룡)'의 쿵푸!

당시에 이소룡은 나의 우상이었고, 그로 인하여 쿵푸에 대한 관심은 갈수록 높아져 수련이 끝난 이후에는 그 친구에게 쿵푸의 기본 품새도 배우고 여러 가지 낙법의 테크닉에 대한 조언을 얻었다.

오는 것이 있으면 가는 것이 있어야 하는 법.

나 또한 그 친구에게 나의 솜씨를 뽐낼 겸해서 가장 자신 있는 기술 중의 하나인 업어치기를 가르쳐준다는 명목으로 맞잡기를 한 후에….

박력 있게, 그리고 번개같이 메쳐 뿌렸따. 그런데… 잉?

딱 한번 메쳤을 뿐인데…, 아예 바닥에서 못 일어나는 것이 아닌가?

얼굴색이 메주 색깔마냥 노리끼리하게 변하더니 식은땀을 흘리며 한 쪽 다리를 감싸 안고 '때굴때굴' 도장바닥을 인간 물걸레가 되어 굴러다닌다.

이유를 물어보니…, 발목이 부러졌단다.

참으로 황당한 일이 아닐 수 없다.

그의 낙법솜씨는 한 마리의 우아한 학! 그 자체였다. 그런데 기껏 업어치기 한 번에 발목이 부러져? 참으로 알다가도 모를 일이다.

그 후 이 친구는 그의 환상적인 고양이 낙법을 멀리하고 오히려 볼품없이 엉성하게 메쳐지는 일명 쌀자루낙법을 나에게 새로 배우는 상황이 일어났다.

어째서 이런 황당한 일이 벌어졌을까?

예전에 일어났던 웃지 못할 에피소드를 접어두고서라도 이러한 현상은 어느 무술도장에서나 자주 볼 수 있다.

도장에서 수련생을 지도하다보면, 난데없이 내게로 다가와 '메치기를 당했는데…, 허리가 끊어질 듯 아파요!' 라고 호소하는 수련생이 있어 옆에서 낙법의 모양새를 관찰해 보면, 허리가 안 아픈 것이 이상할 정도의 요상하고 야리꾸리한 모양으로 떨어진다.

그들은 반문한다.

왜? 이러한 현상이 일어날까?

좋다!

각설하고... 일단, 한 마리의 우아한 학처럼 낙법을 치던 그 낙법 고수가 사용했던 고양이 낙법의 특징과 방법에 대해서 알아보자!

-고양이 낙법의 특징-

1. 앞에 장애물을 설치하고 공중으로 몸을 날려 장애물에 몸이 걸리지 않도록 하며 뛰어넘는다.

2. 떨어질 때는 머리부터 떨어지며, 앞구르기식의 낙법으로 충격을 최소화 한다.

3. 고양이가 담장에서 뛰어내릴 때처럼 사뿐하게 소리 없이 부드럽게 구른다.

위와 같이 월장낙법의 특징은 대략 이러하다. 여기서 우리는 무엇을 인식해야 할까?
월장낙법은 장애물을 넘는 낙법인 것이지 메쳐지는 낙법이 아니라는 것이다. 우선 이것을 숙지하고 다음 장면을 보너스로 한번 보고 이야기를 계속해 보자!
계속해서 강조하지만 다음의 그림들은 쿵푸소년이 사용했던 '우아한 학'의 모양을 했던 발목 부러진 낙법이다.
이 낙법은 보통, 장정 한 명이 고개를 빳빳이 들고 서 있어도 '훌쩍' 뛰어넘어 버린다.

① 준비자세에서 두 손을 앞으로 하고 시선은 전방을 향한다. 오른손잡이일 경우 오른발을 앞으로 일보 내딛는다.

② 앞으로 구르기 위하여 두 손을 바닥에 짚는다. 고개는 숙이고 좌측으로 돌린다. 이렇게 함으로써 머리를 보호할 수 있게 된다.

③ 오른팔 전체를 타고 어깨로 해서 구르기를 시작한다. 이때 몸을 둥그렇게 하여 바닥과의 마찰력을 줄이고 자연스럽게 구를 수 있도록 조절한다.

④ 한 바퀴 구르게 되면 왼쪽 다리는 접히고, 그것이 먼저 땅에 닿게 된다. 그 후엔 회전력이 생기게 된다.

⑤ 오른쪽 다리도 따라 도는데, 무릎을 구부려 바닥에 부딪쳐서 소리가 나는 것을 최소화 한다. 물론 왼쪽 손바닥도 살짝 대기만 할뿐 힘껏 치지는 않는다.

*매우 정확한 고양이 낙법을 선보인 것이다.

단순히 낙법의 과정으로만 본다면 훌륭하다. 앞에서도 언급했다시피 젓가락으로 국을 퍼먹으면 며칠이 가도 줄지 않을 것이다.

어찌되었건 국은 숟가락으로 퍼먹듯이 기구의 사용에도 용도가 있다는 것이고, 낙법에도 그것에 준하는 방법과 용도가 있다는 것이다.

발목이 부러지는 과정을 슬로우 모션으로 분석한 그림

① 맞잡기로 잡았다.
업어치기 하려고....

② 업어치기를 하려 한다.

③ 이 때, 자신의 의지와는 상관없이 몸이 뻣뻣하게 메쳐진다.

④ 완전히 메쳐지는데, 자신의 주력 낙법을 구사한다. 왼쪽무릎이 접혀지고 이어서 오른발이 따라 돈다.

⑤ 메쳐지면서 오른발 뒤꿈치가 자신의 복숭아뼈를 때린다. 심하면 발목이 골절되는 부상을 입기도 한다.

⑥ 발목을 잡고 아프단다....

⑦ ....

 위의 그림을 보고 교훈을 얻었을 것이다. 낙법소년의 케이스는 자신이 낙법을 매우 잘한다는 생각에서 나온 오만(傲慢)의 부상이라는 것을 알아야 한다. 차라리 낙법을 전혀 몰랐다면 오히려 부상의 우려는 현저히 줄어들 수도 있었다. "소 잡는 칼로 닭 잡지 말라!" 또는 "전봇대로 이빨을 쑤시려 하지 말라!"는 말이 있듯이 상황에 맞는 행동을 하라는 것이다.
 그럼 지금부터 이소룡도 울고 갈 무력충전 100%로 향하는 기초낙법에 대해서 알아보자!

전방회전낙법(일명:메치기 낙법)
구르는 방법은 고양이 낙법과 같으나, 떨어지는 발의 모양이 조금 다르다.

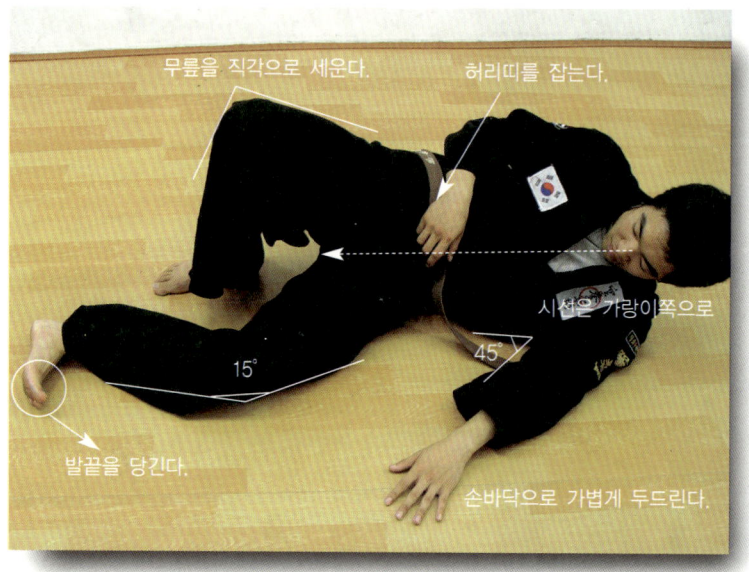

1. 시선은 배꼽을 쳐다본다. 머리가 바닥에 닿지 않게 하여 후두부를 보호한다.
2. 몸을 좌측으로 기울여 척추 뼈를 보호한다.
3. 왼팔의 각도는 45도를 유지하고 손바닥으로 바닥을 힘껏 때려 충격을 흡수한다.
4. 왼발은 완전히 펴지도 않고 너무 구부리지도 않는 15도 각도가 좋다.
5. 오른쪽 무릎은 완전히 세워 직각에 가깝게 구부린다.

-위의 그림과 같이 만드는 방법-

집에서 TV 보면서 포테이토 칩 먹는 폼을 취한다. 왼손으로 팔베개를 하고 옆으로 삐딱하게 누워서 세상에서 가장 편한 자세를 잡는다. 이 때 왼쪽 옆구리와 넓적다리전체가 바닥에 완전히 밀착되게 만든다. 두 무릎은 아주 자연스럽게 약간만 구부러져 있게 한다. 수영복이나 속옷만을 입고 이런 자세를 한다면 아주 섹시하게 보일 수 있다.

팔베개를 하고 있던 왼손을 빼서 바닥을 짚는다. 일어나서 TV채널을 다른 곳으로 돌리는 데에는 최고의 자세다. 이 때 왼손의 각도는 45도를 이룬다. 어깨전체와 팔꿈치가 매우 견고하여 떨어질 때 고통을 줄이고 바닥을 두드려 충격을 최소화 할 수 있다. 어깨와 손바닥으로 동시에 바닥을 두드린다.

턱은 당기고 시선은 반드시 배꼽을 응시한다. 만약 배꼽을 응시하지 않으면 손을 뺄 때 뒷머리를 바닥에 부딪칠 수 있다(이 자세는 메쳐질 때 매우 중요한 자세다. 역시 뒷머리를 보호해야 하기 때문이다).

왼발은 쭈욱~ 편다. 그렇다고 완전히 쫙! 펴지는 말라. 약간 느슨하게 하고 허벅지 전체가 바닥에 밀착되도록 해야 한다. 낙법소년이 발목이 부러진 이유도 이와 같은 동작을 하지 않았기 때문이다.

오른쪽 무릎은 완전히 접어 발바닥 전체를 지면에 밀착시킨다. 이렇게 함으로써 왼발과 오른발의 사이가 넓어져 서로 접촉사고를 일으키는 것을 미연에 방지하게 된다. 만약 이것을 소홀히 한다면....

주의사항 시리즈~

왼쪽 다리를 너무 곧게 펴면, 골반이 정상으로 돌아오고 허리가 곧추서며, 뒤꿈치부터 떨어지게 되어 발목이 깨질 수 있고, 허리를 크게 다칠 수 있다.

오른무릎을 직각으로 세우지 않고 어리버리하게 세운다면 무릎과 무릎을 부딪칠 수 있다. 뿐만아니라 어쩌면.... 당신이 가지고 있는 2개의 호두알중 한 개 정도는 터질 수도 있으니 각별히 주의하기 바란다.

자주 일어나는 현상 중의 하나인데, 회전력과 떨어지는 힘에 의하여 자신도 모르게 오른쪽 다리가 펴질 수 있다. 역시 발의 뒤꿈치로 자신의 복숭아 뼈를 때리게 된다.

만약 손을 어깨 위로 너무 올리다면 떨어지는 충격으로 갈비뼈를 다치게 된다. 왼손은 갈비뼈를 보호하는 기능을 하게 되며, 몸이 회전하여 안면이나 배 쪽으로 너무 많이 회전하여 떨어지는 것을 방지하게 된다.

세상에서 가장 나쁘게 떨어지는 자세

위의 그림은 옥상에서 떨어진 자세를 하고 있다. 머리가 완전히 땅에 밀착되어 전혀 두개골을 보호할 수 없게 된다. 지면과 척추가 곧바로 부딪치게 되어 나중에 전혀 남자구실을 못하게 된다.

 무릎이 꺾이고 발목이 돌아가서 최소한 전치 3년 이상의 진단에, 최소 장애우 3급 이상이 된다.

낙법으로 우선으로 보호해야 할 신체부분

1. 머리
2. 척추
3. 팔꿈치와 어깨
4. 무릎과 발목
5. 몸속의 각종장기
6. 낭심이나 갈비뼈 등

 이제 여러분은 고양이낙법과 메치기낙법의 차이점을 분명히 알게 되었을 것이다. 낙법은 무술인에게 꼭! 필요한 기본기술이다. 그것은 호신(護身)의 가장 초기단계이며 근본단계이다.
 정작 무술에서 사용하는 낙법이 아니더라도, 축구선수가 태클을 걸어 상대선수가 넘어지는 과정에서 몸을 굴려 자신의 몸을 보호하는 경우나, 야구선수가 도루를 할 때 수비수의 터치를 피하기 위하여 몸을 미끄러지게 하는 슬라이딩 또한, 낙법의 한 종류로 볼 수 있다. 또한 낙법은 꼭 운동이나 스포츠가 아니더라도 우리 일상생활에서 요긴하게 쓰일 수 있다.
 계단에서 발을 헛디뎌 넘어질 때, 빙판길에서 미끄러질 때, 또는 돌부리에 걸려 넘어질 때, 낙법의 숙련자는 몸을 반사적으로 움직여 적절히 대처하게 된다.

비하인드 스토리(Behind Story)

왜? 위층에서 아래층을 내려다보면 지나가는 사람들에게 침을 뱉고 싶은 생각이 드는지 참으로 이상하다. 가끔 어린 수련생과 함께 신문지를 찢어 종이비행기를 접어 날리거나 꽃잎모양으로 종이를 접어 헬리콥터라고 멋대로 이름을 붙여 '빙빙' 돌며 떨어지는 것을 감상하기도 하지만, 역시 4층에서 아래로 떨어지는 침방울을 바라보는 것이 훨씬 재미있다.

침을 뱉으면서 나름대로 깨달은 여러 가지 상황을 정리해 보았다.

1. 창문을 열고 침을 뱉을 때 정면에서 바람이 불면, 그 침이 다시 자신의 얼굴에 맞을 수 있으므로 상당한 주의를 요함. 특히, 끈적거리는 가래침 같은 경우는 참으로 난처하다.

2. 당신이 꼭 지나가는 사람에게 침방울을 적중시키려는 의도를 가지고 있다면…. 침방울을 입 안에 많이 축적하여 한꺼번에 '왕창' 뱉는 것이 훨씬 유리하다. 그 침이 조청이나 엿 같이 매우 '끈적끈적' 하지 않다면 침은 상당히 구역을 넓혀 포괄적으로 바닥으로 낙하(落下)한다. 처음에는 한 덩어리의 침으로 떨어지지만, 내려가는 중간지점부터 무

수히 많은 침방울로 확산(擴散)되어, 지나가는 사람의 머리에 맞출 확률을 높인다. 것은 마치 포수가 사냥감에게 산탄총을 발사하는 것과 같은 이치다!

* 산탄(霰彈)[명사] - 폭발과 동시에 많은 잔 탄알이 퍼져나가게 되는 탄환, 가까운 거리에 있는 새나 짐승을 잡는데 효력이 있음.

3. 바람의 세기나 풍향을 예측하기 위하여 처음에는 몇 방울의 침을 떨어뜨려본다. 만약 바람이 서쪽에서 동쪽으로 분다면 당신의 침은 떨어지는 동안 당신이 예상했던 낙하지점(落下地點)보다 훨씬 동쪽에 떨어질 수 있다. 이러한 '임팩트 포인트(impact point)'는 매우 중요한 요소로 작용한다. 예를 들면… 떨어지는 침을 'y'라고 가정하고 지나가는 행인을 'z'라고 볼 때 여기서 바람은 'x'가 된다. 떨어지는 침의 속도와 침의 양, 지나가는 행인의 걸음속도와 방향, 그리고 바람이 부는 세기의 정도 등을 고려하여 3박자가 정확히 맞아야 자신이 원하는 소기의 목적인 명중(命中)을 할 수 있을 것이다. 이렇듯 과학적인 차원으로 침 뱉기에 접근한다면 놀이차원을 떠나서 예술(藝術)의 차원(次元)으로까지 승화(昇華)시킬 수 있다.

4. 침을 아껴라! 꼭 필요한 침만을 엄선하여 놀이를 즐겨야 한다. 불필요

하게 마구 총알을 허비한다면 정작 중요한 순간에 입안이 말라 허망하고 고통스럽게 놀이를 종쳐야 한다. 적재적소(適材適所)에 침을 사용하는 것. 그것 또한 인내심을 기르기에 충분하다.

5. 목표물을 정확히 포착하라!

침 뱉기에도 원칙과 규칙이 있다.

첫째, 노약자나 부녀자에게는 함부로 침을 뱉지 말아야 한다. 언제나 우리가 보호해야 할 대상이다.

대체적으로 초등학생이나 중학교 저학년을 목표로 한다. 위층과 아래층에서 눈이 마주쳤다고 하더라도 그들이 당신을 어떻게 하지는 못할 것이다.

6. 떨어지는 침을 보고 건강을 체크한다.

나의 경우에는 침을 보고 건강상태를 체크할 수 있다. 당신도 점검해보라!

(1) 몸이 피로하고 무거울 때는 입안에 침이 마르고 양이 작아진다.

(2) 감기기운이 있다면, 침이 콩죽같이 걸고 늘어지며 도배용 풀같이 끈적인다. 컨디션 또한 매우 엿 같다.

(3) 몸이 허(虛)하고 힘이 빠지며 만사가 귀찮을 때에는 침에서 냄새가 나며, 액체가 아니라 침 전체가 거품으로 되어 있어 매우 하얀색을 띠며 가볍다. 이럴 때는 상대와 가까이서 이야기 하지 말 것! 입에서 하수구 냄새가 난다.

(4) 1층 후라이드 치킨 집에서 올라오는 닭 튀기는 냄새에 입안에 맑은 침이 고인다면, 그것은 배가 고프다는 신호이다. 아직도 식욕이 왕성한 '나' 자신을 발견할 수 있다.

(5) 미니스커트 차림으로 지나가는 아가씨를 바라본다. 흐흐... 입안에 달착지근하고 약간 신맛 나는 침이 고인다. 역시 건강에 이상이 없다는 신호다.

(6) 침이 누렇고 침을 뱉어도 입술에 착하고 달라붙어 아무리 불어도 떨어지지 않는다. 점성도는 매우 강하나 미끄럽게 느껴진다면, 그것은 침이 아니라 코다. 속지 말 것!

침에 대한 건강 상식

동의보감에 보면 아침에 자고 일어나서 이빨 마주치기를 36회 한 후 그 침을 삼키라고 나와 있다.

침은 소화작용을 돕고 피부의 종양을 없애며 눈을 밝게 한다. 그래서 침은 어느 보약보다 좋은 보약이라고 한다.

사람이 침을 뱉지 않고 삼키면 사람의 정기가 몸속에 보존되어 얼굴에 광택이 나면서 장수한다고 한다.

사람의 몸에 생기는 진액이 피부에 생기면 땀이 되고, 눈에서는 눈물이며, 살에서는 혈액이고, 신(腎)에서는 정액이고, 입에서는 침이 되는데, 땀, 눈물, 혈액, 정액은 한번 나가면 되돌아오지 못하지만, 오직 입 속의 침만은 배출하지 않고 되돌려 순환시킬 수 있는 것이다.

건강한 성인이라면 하루에 분비하는 침의 양이 1.5리터짜리 페트병 1개의 분량이다.

타액분비를 촉진시켜주며 타액선의 기능도 활발하게 되어 노화방지에도 좋다.

타액 속에 '무천'이라는 점액성분이 들어있어 치석이 생기지 않게 하는 작용도 있다.

건강이 나빠지면 침의 분비량뿐만 아니라 성분도 변화를 일으켜 입맛이 쓰고, 아리고, 달고, 시큼하고, 짜게 느껴지는 등의 변화가 생긴다.

침이 대단히 중요한데도 현대 서양의학이나 한의학에서 침의 중요성에 대하여 강조하는 것을 보기가 쉽지 않다.

침에 대해서는 서양의학과 한의학의 견해가 서로 다르다.

세균학적으로 본다면 사람의 입처럼 더러운 곳이 없을 것이다.

아침에 일어날 때는 입안에 수백 종의 세균이 수십 억 마리가 들끓고 있다고 하며, 잠자리에 들기 전과 같이 입안이 깨끗한 상태에서도 3~4억 마리는 되며, 그 중에 활동하고 있는 것만도 7~8천 마리는 된다고 한다.

이 말이 어느 정도 정확한지는 알 수 없고, 개인에 따라서도 다르겠지만 아무튼 헤아릴 수 없을 만큼 많은 미생물들이 우리 입안에 사는 것만은 사실이다.

그래서 서양의학에서는 침을 대단히 위험한 것으로 보고 있다.

그에 비해 우리의학에서는 침은 살균과 해독작용을 할 뿐만 아니라, 많은 소화기병을 고칠 수 있는 명약으로 간주되고 있다.

3. 원 빤찌 쓰리 강냉이

선천적으로 나의 손은 피부가 비단결같이 매끄러우며, 고운 때깔을 지니고 있다.

손가락도 긴 편에 속하고, 손톱 또한 전문 헤어샵에서 파마를 할 때, 서비스로 손톱소제를 해 주었을 때의 상태를 유지했다. 손바닥 또한 '보들보들'하니... 아가씨들이 신기해하며 서로 만져보려고 하는 그런 지경에까지 이르렀던 것이다. 그러나, 벗뜨(but)... 무술수련을 하면서 정권단련의 필요성을 느꼈고, 그 이후 나는 5년 동안 "??비가 오나 눈이 오나♪ 바람~이 부우나~~?" 아주 열씨미 정권단련을 하게 된다. 어떤때는 정권의 껍데기가 '훌러덩' 벗겨지는 고통도 감수하며, 어떨때는

정권에 물집이 차고 고름이 맺히는 쓰라림도 견디면서 정권단련대를 두드렸다.

어느덧 정권단련대가 한 개에서 두 개, 두 개에서 세 개까지 부서져 내렸고... 초창기의 그 아름답고 우아했던 나의 손의 모습은 찾아볼 수가 없었으며, 솥뚜껑 비스무리하게 변하면서 정권의 마디가 두꺼워지고 약간은 무

심하게 보이는 굳은 뚝살이 올라와 있었다.

정권단련을 하면서 가장 곤란했던 경험을 한 것은 어여쁜 아가씨와의 첫 대면에서이다.

총각시절 미팅이나 소개팅을 할 때, 아리따운 아가씨의 눈은 나의 잘생긴 얼굴을 감상하는 대신, 탁자 위를 오가며 커피를 탈 때의 손등이나, 분식집에서 라면을 먹기 위해 젓가락을 쓸 때에 분주히 움직이는 내 손에 가 있었다.

처음에는 "저 처자가 나의 외모에 완존히 뻑이 가서 계속해서 힐끗힐끗 쳐다보는 군아!"라고 생각했었다. 그러나 그것이 착각이라는 것을 깨우치기에는 그리 오랜 시간이 걸리지 않았다.

그 원인이 바로 정권으로 단련된, 약간은 무식하게 변해버린 나의 손에 있다는 것을 알게 되었고, 결국, 대부분의 여자들에게 공포분위기를 조성한다는 느낌이 화~악 들면서, 상큼한 첫인상을 준다는 나의 작전은 수포로 돌아갔다.

모든 것에는 일장일단이 있다.
웃어른과 대화를 나눌 때에는 두 손을 포개어 무릎 위에 가만히 올려놓고, 본의 아니게 정좌를 하고 있게 된다. 오른쪽 손등을 상대에게 보이지 않기 위해 왼손으로 손등을 감싸 쥐고 앉아 있는 것이다. 참으로 단아한 모습이다.

정권단련을 하게 되면 오른손의 정권이 왼손의 정권보다 훨씬 두텁고 강인해 보인다. 오른손을 집중적으로 단련하기 때문이다. 어찌되었건 어르신들에게 "요새 젊은이 같지 않고, 교양이 넘친다!" 또는 "양반 집 가문의 아들이다!"라

던가..., "가정교육이 기가 막히게 잘 되어 있는 집안이다."라는 말을 듣게 되는 일이 비일비재(非一非再)했다.

이러한 우여곡절[迂餘曲折]을 뒤로 하고 결국 난 나름대로 어여쁜 처자와 결혼하여 어느덧 나를 똑같이 닮은 2세를 둘씩이나 두게 되었다.

몇몇의 친구들은 인간승리라고 칭송하기도 하는데, 장가를 들기 위해서 나름대로 피나는 노력을 했던 사실을 그 녀석들이 알고 있었던 것이다.

아내와 결혼하기 전, 그러니까... 아내와 연애를 시작한 때부터 나는 정권단련을 완전히 중지하게 되었다. 그리곤 거칠어진 손을 아주 부드럽게 만드는 작업을 해나갔다. 그것은 매우 중요한 일이었다.

만약, 결혼승낙을 받기 위하여 처음 처가가 될 집을 방문해서 장인, 장모가 될 분들에게 큰 절을 할 때나 어르신에게 약주를 따라드릴 때 나의 주먹을 본다면... 그 분들이 어떠한 생각을 갖게 될 것인가를 한번 생각해 보라!

* 장모님 생각 - "아이구! 저 주먹으로 우리 딸을 패면 어쩌누?"
* 장인 어르신 생각 - "저 주먹에 맞으면 뼈따구도 못 추릴 것는디..."
* 처남 생각 - "앞으로 친하게 지내지 말아야지!"

뭐... 속마음이야 모르겠지만, 아무래도 긍정적인 생각보다는 이런 부정적인 생각을 가질 가능성이 크기 때문에 눈물을 머금고 정권수련을 접은 것이다. 장가는 가야 하지 않겠는가!

따뜻한 물에 손을 불려 수세미나 이태리 타올로 굳을 살을 벗겨 내거나 면도칼이나 카타 칼로 굳은살을 깎아내는 방법을 사용하기도 하고, 발뒤꿈치의 굳은살을 갈아내는 구멍이 뻥뻥 뚫린 이름 모를 요상한 돌멩이로 문지르기도 했다.

밤에 잠이 들기 전엔 베이비로션이나 화장품의 원료로 쓰인다는 똥 쿠린내가 나는 글리세린을 발라 피부를 매끄럽게 해나가는 수고도 아끼지 않았다.

이러한 과정을 약 1년에 걸쳐 반복했고, 비로소 지금의 사랑하는 아내를 얻을 수 있었다. 그러나 잡은 물고기에 미끼 주지 않는 법! 나의 정권단련은 결혼 3년차에 접어들면서 다시 시작되었다.

어느 날, 땀을 '뻘뻘' 흘리며 정권단련을 하는데, OO공업고등학교에 다니는 수련생이 농을 건다.

"관장님!"

"왜 마?"

"관장님은 원 빤찌 쓰리 강냉이에요!"

"뭐 마?"

정권단련을 중지하고 물었다.

"그게 뭔데? 먹는 거냐?"

"관장님 주먹 한방이면 이빨 세 개가 몽창 출장 간다는 말입니다! 흐흐 그러니까..., 'one punch three tooth' 란 말입니다!"

수련생 녀석이 농으로 한 말이긴 하지만, 그 녀석뿐만 아니라 많은 사람들이 정권단련을 하게 되면 굉장한 파괴력과 강인한 펀치력을 보유할 것이라고 믿고 있는 듯하다. 그런데 문제는 대부분의 무술 초보생이나 무술에 관심이 많은 사람들이 강인한 돌주먹을 숭상하며, 독학으로 수련을 하는 사람이 대다수라는 것이다.

소수는 결혼 같은 것에 전혀 신경 쓰지 않는다거나, 이미 장가를 들었다손 치더라도 잘못된 정권단련 방법으로 인하여 손을 아예 망가뜨리는 오류를 범할 수 있다는 것이다. 참으로 안타까운 일이 아닐 수 없다.

단순히 주먹을 단단한 물체에 두드리면 주먹이 솥뚜껑처럼 된다고 생각하는 모양이다.

그리고 그것으로 한방 치면 누구 말대로 '원 빤찌 쓰리 강냉이'가 된다고 생각하는 모양이다.

정권단련뿐만 아니라 신체의 모든 단련은 매우 정교하고 엄격하게 이루어져야 하며, 전문지도자에게 훈련을 받아야 한다는 것을 그들은 모른다.

또 정권단련이 얼마나 위험한 훈련이며, 고난이도의 수련인지 인식하지 못하고 있다.

다음의 글은 정권단련을 원하는 초보 무술인의 생각들로, 대부분 이러한 것들이 옳은 방법일 것이라고 생각하는 경향이 많다.

당신도 이 문항 중 몇 개에 해당되는지 체크해 보길 바란다.

1. 벽을 상대로 정권단련을 실시한다면 많은 효과가 있을 것이라고 믿는다.
2. 자기 주먹끼리 부딪쳐서 정권단련을 한 적이 있고, 지금도 어느 정도는 정권단련이 될 것이라고 생각한다.
3. 정권단련은 정권의 뼈가 단련되어 '툭' 튀어 나와야 제 맛이며, 그것이 훨씬 파괴력이 강할 것이라고 생각한다.
4. 주먹단련은 주먹을 쥐었을 때 엄지손가락의 부분을 제외한 4군데에서 튀어나온 뼈 전부를 단련하는 것이 실전에 효과적이다.
5. 주먹을 책상이나 바닥에 놓고 단단한 물체(망치, 돌)로 두드리는 것이 정권단련에 도움이 된다.
6. 정권지르기의 원리나 수련을 한 적이 없다. 또한 하는 것이 귀찮다. 하지

만 주먹단련을 해서 벽돌을 한방에 부술 힘만 키운다면 그것이 훨씬 실전에 효과적이다.
7. 정권단련은 어렸을 때부터 계획적으로 실시하는 것이 좋다.

 위의 7개 문항 중 당신은 어느 사항에 해당되며, 어떤 것이 맞다고 생각하는가? 1번부터 7번까지의 예시문은 정권단련을 하면서 절대로 하지 말아야 할 주의사항을 적은 것이다. 그리고 그 중 몇 개는 4급 이상의 장애우가 되는 경우도 포함되어 있다. 그러나 참으로 이상하고 요상하게도, 하면 안 되는 것을 귀신처럼 알아가지고 손 망가뜨리는 정권단련을 꾸준히 해 나간다. 결국 3개월도 못가서 손은 망가지고 기형적으로 변하며, 만성통증에 시달린다. 정권단련을 우습게 본 대가치고는 너무 가혹하다.

 지금부터 필자는 정권단련에 대한 전반적인 기법을 다루고자 한다. 오랜 시간 동안 정권단련을 했어도 아직까지 필자의 손이 멀쩡한 것은 나름대로 좋은 지도자 밑에서 정확한 동작으로 수련에 임해서일 것이다. 뿐만 아니라 정권단련에 있어서 하지 말아야 될 것과 반드시 지켜야 될 것을 인내심을 가지고 준수한 것에 그 비결이 있다.

 정권단련에는 몇 가지 철칙이 있고 그것을 반드시 지켜야 한다. 그것만 지킨다면 부상의 우려는 90% 이상 줄어들 것이며, 당신의 주먹에는 멋진 굳은살이 새겨질 것이고, 정확한 정권지르기의 동작을 보너스로 얻게 되며, 아울러 재미있는 훈련기법도 알게 될 것이다.

정권단련

철사장 단련대

무협지에 가장 많이 등장하는 용어 중에 철사장(鐵砂掌)이란 것이 있다.
손을 쇳덩이처럼 단단하게 만드는 것으로, 철사장을 익히면 맨손으로 쇠를 뚫고 바위를 부순다는 가공할 만한 위력을 지녔다고는 하는데, 워낙 중국인들이 과장이 심하니 사실 그대로 받아들이기는 어렵다.

흔히들 철사장하면 뜨겁게 달군 가마솥에 쇠구슬과 모래를 집어넣고 여기에 손을 넣었다가 빼는 동작을 반복하여 손을 강철처럼 단련한다고 생각하는데, 역시 영화에 자주 등장하는 장면 중 하나이다. 개중에는 이러한 장면을 여과 없이 그대로 따라하는 경우도 있다. 정말 무지하게 데인져러스 하지 않을 수 없다. 어떤 때 보면 '무협영화가 사람 잡는다'라는 생각을 절로 하게 된다.

사실 위와 같은 수련법이 존재하기는 한다. 필자도 소시 적에 위와 같은 수련법으로 철사장을 수련한 적이 있었다. 하지만 잘못된 상식은 반드시 예견된 부상을 초래한다.

대체적으로 부상은 다음과 같다.

1. 모래를 너무 뜨겁게 달군 나머지 손가락 열 개가 전부 김이 '모락모락' 나게 익는다.

2. 거친 자갈을 넣어서 손가락의 피부가 까진다.
3. 내용물이 고르지 못해서 손가락이 파묻히지 않아 손톱이 갈라지고 부러진다.

이 외에도 쉽게 불구가 되거나 부상을 초래하는 경우가 많지만, 대처적으로는 손가락이 불에 달구어지면서 오징어 타는 냄새가 나며 껍데기가 벗겨지는 부상이 일반적이다.

그럼에도 불구하고 왜? 많은 이들이 위와 같은 기법이 신빙성이 있다고 믿는 걸까?
뭐 개중에는 이론이 그럴듯하다는 말을 하기도 한다.
언뜻 생각하면 '뜨거운 모래 속에 손가락을 지속적으로 넣었다 뺐다 하는 것을 반복하면 무술을 전혀 모르는 초보자도 마치 날카로운 칼과 같이 손가락 끝이 단련된다.' 라는 약간은 아리송한 이론 덕분에 피를 본 이가 많다.

어느 날 도장에서 수련하던 이승호 사범님이 나에게 이런 말을 한 적이 있다.
"관장님. 중국의 13억 인구 중에 은둔생활을 하며 무술을 수련하는 무술인은 경공술을 하면서 웬만한 2층 집은 훌쩍 뛰어넘을 수 있답니다."
"?? 에이...그걸... 말이라고... 어떻게요?"
"어떤 책을 보니까... 걸음마를 시작하는 어릴 적, 아버지가 마당에 허리 정도 오는 감나무 하나를 심어놓고 그것을 매일 같이 뛰어넘는 연습을 시킨답니다."

"?? 그래서요?"

"그 후, 10년이 가고 20년이 가면 감나무가 2층 집처럼 커져 있을 것이고, 매일같이 감나무를 뛰어넘던 소년은 훈련으로 인해 20세쯤에 2층집처럼 커진 그 감나무도 뛰어넘게 된다는 겁니다."

위와 같은 대화 내용을 읽게 되면 어떤 이들은 자신의 집 앞 마당에 감나무를 심고 싶은 충동을 일으킬지도 모른다. 어쩌면 성미 급한 우리나라사람들의 성격으로 볼 때, 비만 오면 '쭉쭉' 크는 대나무나 수수를 심을지도 모르는 일이다. 이상한 이론이 사람을 그렇게 만드는 것이다.

만약 그렇다면 올림픽의 높이뛰기 선수는 그 명함도 못 내밀 것이고, 스파이더맨이나 엑스맨도 꼬랑지를 내려야 한다.

좋다! 그렇게 따진다면 필자는 여러분에게 물 위를 걷는 법을 알려주겠다.

방법은 아주 간단하다.

오른발이 물 위에 닿고 그 발이 물속으로 빠지려고 할 때 재빨리 왼발을 물 위에 올려놓는다. 그리고 왼발이 물속으로 빠지려고 할 때 역시 재빨리 오른발을 물 위에 올려놓는다. 위와 같은 동작을 번개같이 반복하면 물 위를 걸을 수 있게 된다.

피나는 훈련을 해야지만 가능하며, 이런 훈련방법으로 약 20년 정도 수련하면 물 위를 평지처럼 뛰어다닐 수 있다!라고 생 구라를 쳤다고 치자!

역시 아무도 안 믿지...

그러나... 이런 이론을 그럴듯하게 책으로 만들든지, 영화의 한 장면에 삽입하면 '어? 그거 그럴듯한데...' 라고 생각하는 분들이 의외로 많다는 것이 문제다.

친구들끼리 농으로 할 수 있는 말이지만, 앞서 말한 이사범의 이론이나 필자가 말한 이론이나 도찐개찐이 아닌가?

다시 한 번 말하지만, 위와 같은 철사장 수련은 매우 위험하므로 수련을 엄격히 자제해야 한다.

또한 철사장은 문파마다 수련법이 조금씩 다르게 나타난다.

기왕 철사장 이야기가 나왔으니, 철사장의 대표격인 무림정종이라 일컬어지는 소림사에 전해지는 철사장을 살펴보자.

소림 철사장은 소림사 72예(藝) 중의 하나이다.

소림72예는 36가지의 외공과 36가지의 내공으로 구성된 연공법이다.

소림72예에는 철사장과 비슷한 금사장(金砂掌)이란 것이 있는데, 금사장은 앞서 말한 모래나 쇠구슬을 넣는 것이 아니라, 콩이나 팥, 또는 녹두와 같은 곡물을 넣은 주머니에 손끝이나 손바닥(掌)을 찔러 넣으면서 단련하는 것이다.

사실 철사장과 비슷한 맥락이기는 하지만 철사장과는 약간 다른 성격을 띤다.

금사장은 모두 경공외장(硬功外壯)에 속하는데, 이를 제대로 익히면 맨손으로 상대방의 근골을 상하게 하고 벽돌을 부술 수 있다고 전해진다. 금사장의 테크닉을 살펴보면, 양동이에 노란 메주콩(일명: 황두)을 3분의 2정도 채운다.

양손을 매일 300~400회씩 손바닥을 펴 바닥에 닿을 때까지 수직으로 깊숙이 찌른다. 숙달될수록 횟수를 늘리기 시작한다.

숙련기간이 길어질수록 그 내용물은 황미, 녹두, 팥, 모래 등과 같이 더욱 견고한 내용물로 대체한다.

당신이 앞으로 수련용으로 쓰게 될 단련대는 금사장과는 달리, 속을 채운 주머니를 장권이나 정권으로 때리면서 단련하는 것이다.

당신이 혹 산속에서 무술로만 살아가며 무림천하를 재패하는 무림의 지존이 되려고 마음먹지 않는다면, 수련하는데 그다지 부담이 없고, 부상의 우려도 현저히 줄이면서 재미있게 수련할 수 있는 단련대 사용법을 지금부터 '차근차근' 설명하도록 하겠다.

철사장

콩차갈은 매우 무른 연질성을 띄기 때문에 어느정도 사용하면 부서지게 된다. 이때는 새것으로 교환하여야 한다.

콩은 된장 담글 때 사용하는 노란 메주콩이 좋다. 콩을 한 주먹 쥐었을 때 강도가 딱딱하고 느낌이 부드러운 것을 고르면 된다.

자갈은 수족관용 자갈을 구입하는 것이 좋은데, 필자는 예전에 건축물 자재인 '도끼다시'를 자루 속에 넣어 사용하다가, 뜻하지 않게 돌이 정권에 박히는 부상을 입었다. 이러한 돌은 연마되지 않아 매우 뾰쪽하고 날카롭기 때문에, 비록 자루 속에 들어 있기는 하지만 부상의 우려가 높으니 주의하기를 바란다.

따라서, 자갈은 수족관용 자갈을 사용하라고 권하고 싶다. 수족관용 자갈은 수십 가지 종류가 있으며, 색깔이나 크기도 다양하다. 자갈의 표면은 연마되어 매끄러우며 둥그스름한 콩 자갈 종류를 구입하여 사용한다면 날카로운 돌에 피부가 찢기는 것을 막을 수 있다. 경우에 따라서는 모래나 녹두, 또는 팥과 같은 것을 넣어 사용할 수도 있다.

일반적으로 주위에서 쉽게 구할 수 있으나 일반적인 수족관용 자갈과 콩 자갈은 착각하기 쉽다. 부상의 우려가 매우 높으니 반드시 확인하고 사용할 것을 당부한다.

*도기다시(とぎだし)는 돌 따위의 표면을 갈아서 광택·무늬 등을 내는 것을 이르는 말이다.
'도기다시'를 잘못 발음한 것이 '도끼다시'이다. 한자로는 "研ぎ出し"라고 쓴다.

지퍼는 내용물을 넣기 위함이다.
반드시 상단부에 붙여야 수련도중
지퍼가 열리지 않는다.

천의 재질은 촘촘하게 직조된 것으로 매우 두꺼워야 하며, 질겨야 한다.

지퍼는 콩이나 자갈 또는 모래와 같은 내용물을 넣기 위해서다. 그러므로 위치는 상단부분에 만들어야 한다.

집에서 쉽게 만들고 싶다면 청바지 재질의 천을 몇 개 포개어 만들 수도 있지만 그리 오랫동안 사용하지 못한다는 단점이 있다.

필자는 군대에서 사용하는 탱크커버를 구입하여 항상 사용해 왔다. 천이 매우 질기고 강해서 한 개를 만들면 3개월 이상 사용할 수 있었지만, 구하기가 힘들고 천이 두꺼워 일반 재봉틀로는 박음질을 할 수가 없어 천막사에 의뢰해서 특별 제작해야 하는 불편함이 있었다.

요즘은 무술 쇼핑몰에서 완제품을 판매하는 곳이 있어 싼 값에 구입할 수 있다.

수련방법

우선 단련자루 2개를 만든다.
하나는 메주콩이 들어간 자루이며, 또 다른 하나는 작은 콩 자갈이 들어간 것이다.
(메주콩 대신 녹두나 팥을 넣어도 된다.)
우선 메주콩이 들어간 자루로 1~2개월 정도 수련을 한다.
정권단련은 물론이거니와 수도 장권과 같은 손바닥 단련에도 용이하다.
필자는 개인적으로 자루 단련대를 이용하여 수련 하는 것을 즐긴다.
손의 부상이 적고 안전하며, 타격감 또한 경쾌하여 몸에 무리가 없다.

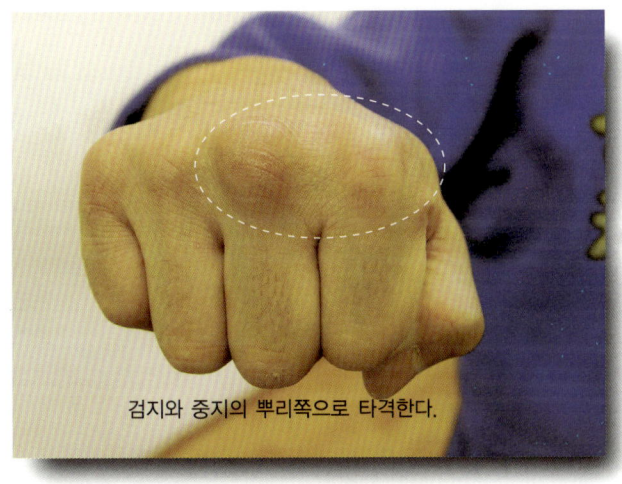

검지와 중지의 뿌리쪽으로 타격한다.

 일반 단련대와는 달리 주먹을 쥐었을 때 가운데 중지손가락의 뼈마디 부분을 포인트로 하여 타격을 한다. 그렇게 하면 새끼손가락의 뼈를 제외한 2개 내지 3개의 뼈 부분으로 타격을 하는 셈이 된다. 일반 단련대와는 달리 타격의 범위가 넓고 단련하는 방법 또한 다른 것이 된다.
 타격 포인트는 가운데 마디뼈의 뿌리부분이나 두 번째 정권 뼈의 뿌리부분으로 가격한다.

타격법

준비해놓은 단련대를 벽에 걸어 사용하는데, 단련대의 높이는 자신의 가슴높이가 이상적인데, 정확하게 정권지르기를 할 수 있는 위치여야지만 가장 편한 동작이 나오기 때문이다. 일반적으로 벽에 고정해 놓고 타격하는 단련대에서는 대부분 비슷한 폼이 나오게 된다.

오른발이 단련대의 중앙에 오게 서며, 왼발은 좌측으로, 많은 각도로 빠져나가게 한다. 사람을 타격하는 자세와 정권단련을 할 때의 자세는 사뭇 다르며, 타격하는 순간 상체와 몸통이 왼쪽으로 빠져나갈 수 있게 만든다.

이 자세는 손목과 팔꿈치, 어깨를 자연스럽게 구부러지게 만들어 부상의 위험을 최소화 시킨다. 타격하는 순간 반드시 목표물을 주시한다.

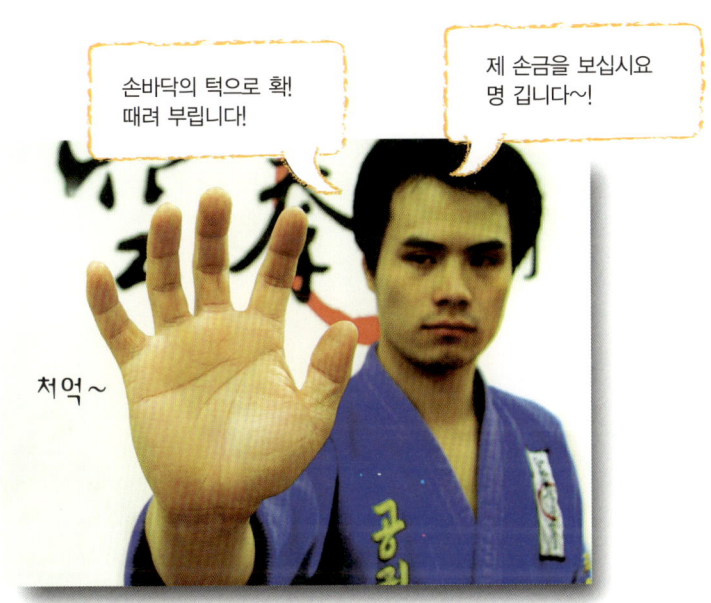

손바닥으로 타격하여 장권치기의 힘을 기른다.

장권단련을 할 수 있는 유일한 타격기구이다. 손바닥에 굳은살이 올라오고 근력이 붙는다. 약간 올려친다는 느낌으로 타격을 실시하며, 타격한 후에는 잔심을 잃지 않도록 서서히 콩자루에서 손을 뗀다.

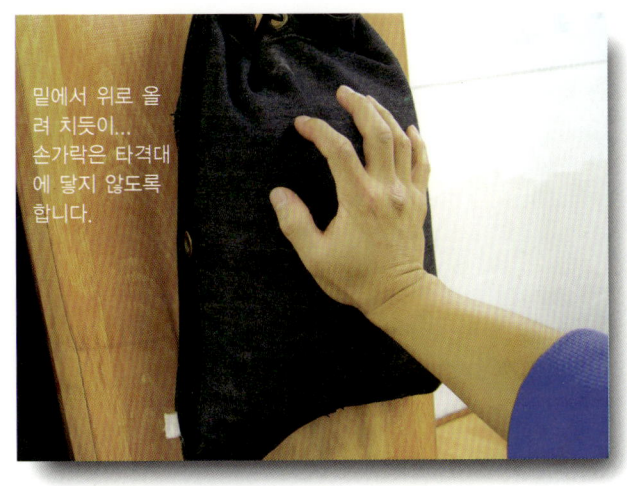

손가락을 자연스럽게 구부리고 손가락끼리 닿지 않도록 한다.

손바닥의 중앙부분으로 타격하지 않고, 손목과 이어진 두툼하게 살이 올라와 있는 손바닥의 아랫부분으로 타격한다.

–부상이 일어나는 원인 –

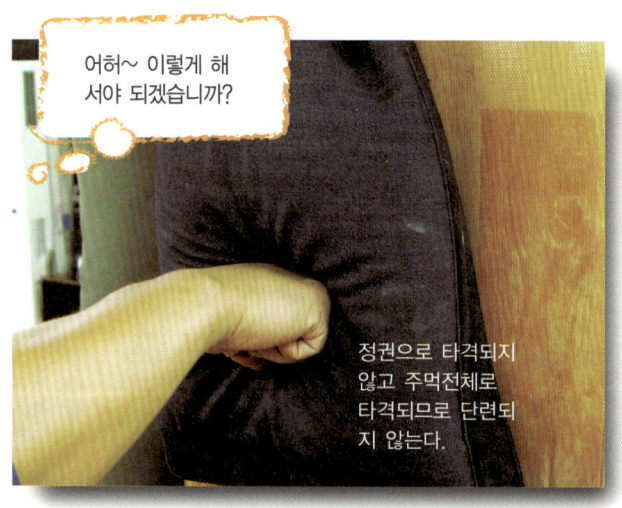

타격을 하는 순간 내용물이 움직이며 정권부분이 자루 속으로 파묻히게 된 경우로, 자신은 정권부분으로 정확하게 타격을 한다고 했지만, 그것이 원만하게 이루어지지 않았을 때, 자칫 손목이 꺾이고 구부러져서 부상을 초래할 수 있다. 그렇기 때문에 단련대는 내용물이 자루 속에 완전히 '꽉' 차도록 '빵빵' 하게 만들어야지만 주먹이 파묻히게 되는 것을 방지할 수 있다.

타격하는 순간 주먹이 쑥~ 들어가게 되면 정권부분으로 타격이 되지 않고, 주먹 전체의 너클파트로 타격하게 된다. 이렇게 해서는 정권단련에 도움이 되지 않을 뿐 아니라, 팔꿈치나 어깨까지도 부상을 입을 확률이 높아지게 된다. 더구나 타격을 하는 순간 손목이 상하로 꺾이게 되어 손목과 손가락의 부상을 유발시킨다.

당신이 내용물을 넣고 며칠이나 몇 주일간 타격에 전념하게 되면 천 재질로 만들어진 자루는 재질의 특성상 늘어나게 된다. 그러한 경우에는 즉시 내용물을 보충하여 속을 채워야 한다.

그냥 상식 한마디

철사장은 주로 손바닥을 단련하도록 만들어져 있다. 일반적으로 위에서 아래로 내리치며 단련하는 방법을 많이 쓰는데, 한국이나 일본 등의 무술테크닉에는 잘 맞지 않는 경향이 있어 많이는 사용되지 않고 있다.

첫 번째- 단련방법이 중국식의 쿵푸기법을 응용하도록 되어 있어, 태권도, 가라데 등의 정권을 주로 사용하는 우리의 기법과는 많은 차이가 있다. 그래서 벽에 걸어놓고 정권지르기 방식의 기법을 사용하게 된다.
두 번째- 수련방법이 복잡하다. 내용물을 수시로 바꾸어야 하며, 단련대를 따로 설치해야 하는 번거로움이 있다.
세 번째- 궁극적으로 단련목적인 철사 똥을 집어넣어 사용하는 방법을 써야 하는데, 소재 구하기가 만만치 않을 뿐만 아니라, 정말 상당히 위험한 훈련법이다. 파상풍이나 손의 뼈에 금이 가거나 상하게 하는 부상을 입을 수 있다. 재수가 없으면 손이 썩어 들어간다고도 한다.
네 번째- 수련방법이 매우 어렵다. 반드시 철사장을 오랫동안 수련한 전문가에게 기술을 사사 받아야 한다.

(철사똥- 용접할 때 나오는 철사똥, 또는 쇠구슬이나 녹슨 쇳가루)

분명히 손이 썩어 들어가는 부상을 입을 수도 있다고 경고했음에도 불구하고, 그것을 꼭 해 보아야 직성이 풀리는 사람이나 그렇지는 않지만, 수련방법이라도 꼭 알고 넘어가겠다는 호기심이 대단한 독자들을 위하여 간략하게 그 방법을 소개하고자 한다.
다음의 수련법은 절대로 손이 썩어 들어가거나 부상을 입지 않을 수 있는 비교적 안전한 수련 방법이므로 안심하고 수련에 임할 수 있을 것이다.

① 허리높이의 단련대 위에 단련자루를 놓고 선다(내용물은 반드시 콩이나 녹두 같은 것이어야 한다).

② 왼손은 허리에 두고 손을 눈높이 정도로 올린다. 이 때 당신의 팔꿈치는 반드시 몸쪽을 향해 있어야 한다.

③ 몸을 최대한 이완시키고 밑으로 내리치는데, 힘으로 타격한다는 느낌이 아니라 저절로 떨어진다는 느낌으로 동작을 행해야 한다.

> 손가락을 살짝~ 구부리시고 손의 턱으로 타격 합니다.

④ 손가락이 단련대에 닿지 않도록 하며, 손가락 사이를 벌리고 손바닥의 아랫부분으로 가격한다는 느낌으로 타격한다.

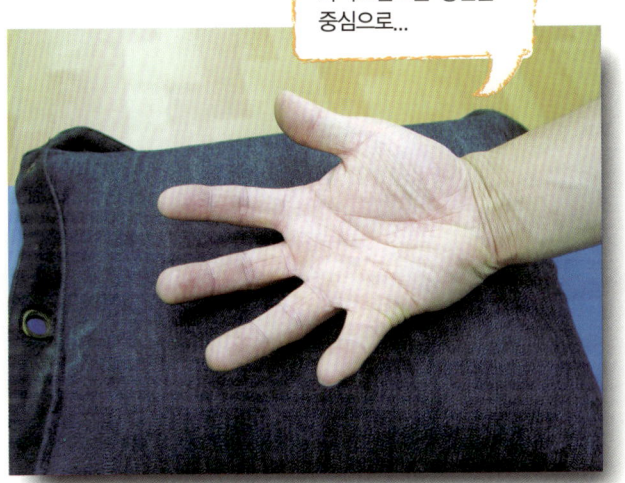

> 손등으로 쳐주세여~ 타격포인트는 정권을 중심으로...

⑤ 손등과 정권의 뼈 부분을 단련하게 된다. 요령은 손바닥 단련과 같다.

벽걸이 나무 단련대

가장 복잡하고 만들기가 어려운 단련대이다. 더욱이 이 단련대는 중급의 수련을 마치고 고급 과정 수련을 해나가는 수련생들만이 할 수 있는 훈련기법이다.

단련대를 만드는 방법은 매우 다양하다.

타격할 때 몸에 무리가 가지 않도록 완충장치가 되어 있어야 하며, 단련대가 쉽게 망가지지 않도록 견고하게 제작해야 한다.

자신의 신체 조건에 따라 높낮이를 조절하여 타격할 수 있도록 해야 한다.

필자가 초등학교 때, 무술을 배우러 다니던 도장의 사범님이 옥상에 나무 단련대를 설치해놓고 훈련을 하고 있는 것을 본 적이 있는데, 주먹으로 치는 것이 아니라, 앞차기로 타격하는 장면을 매우 인상 깊게 본 기억이 난다.

-만드는 방법-

준비물
1. 송판(1장의 두께 : 5cm~8cm 사이)
2. 고무판(가능한 한 어느 정도 두께가 있는 것)
3. 가죽(가로, 세로 약 30cm 정도)
4. 압정이나 합판용 못(20~30개 정도)

1. 송판의 재질은 질기고 부드러우며 강해야 한다. 송판은 8cm에서 10cm 내외의 두께로 자신의 체형에 적합한 가로, 세로의 판형을 선택해야 한다. 목공소에서 송판에 4개에서 6개의 홈을 판다. 이것은 홈을 파는 개념이 아니라 한 개의 송판을 4개로 분리하는 과정이라고 이해하는 것이 좋다. 제일 중요한 과정이므로 주의하여 제작할 것.
2. 본드를 이용하여 고무판을 나무표면에 부착시킨다. 만약 가죽이 없다면 이 상태로 단련을 시작해도 좋다.
3. 가죽으로 고무판을 완전히 덮고 압정이나 합판용 못으로 단련대의 양 옆을 고정시킨다.
4. 벽에 걸어놓고 사용한다. 정권단련은 물론이거니와 수도 단련에 도움이 된다.

당신이 정권단련에 문리(文理)가 있는 전문가라면 당연히 크고 좋은 재질의 단련대를 제작하여 사용하는 것이 좋겠지만, 초보자라면 시중에서 저렴한 가격의 단련대를 구입해서 사용하는 것이 여러모로 유익하다.

주의사항

1. 처음부터 나무 단련대를 이용하여 정권이나 수도를 단련한다면 매우 빠른 시간 안에 정권단련을 포기할지도 모른다. 어쩌면 10초? 더 빠르면 단 한번 타격 후 다시는 단련대 근처에는 얼씬도 하지 않을지 모른다. 짐작하겠지만 그 이유는 통증 때문이다. 나무 단련대는 다른 단련대에 비해 타격을 할 때 통증을 유발시킨다.

 당신이 알아야 할 것은 많은 정권단련대 중에 자신의 수준에 맞는 단련대를 제대로 선택하는 것이다. 나무 단련대는 재질이 견고하고 딱딱하다. 나무 단련대를 이용한 수련법은 피부의 각질화나 뼈의 적응력을 높이기 위한 훈련이 아니라, 정권의 뼈나 수도 뼈의 견고함을 높이기 위한 것이다.

 또한 팔꿈치나 손목, 어깨 등에도 다른 단련법보다 더 많은 무리가 따르게 된다.

 당신이 정권단련을 처음 시도하는 초보자라면, 앞서 설명한 콩자루 단련대를 사용하라고 권하고 싶다.

 분명히 말하지만, 정권단련을 해서 부상을 입는 경우는 없다. 다만 잘못된 자세나 잘못된 수련방법 그리고 잘못된 상식으로 부상을 입을 뿐이다.

2. 완충작용이 적으므로 정권에 많은 압박이 있으며, 피부가 상처를 입는다.

 제일 많이 얻는 부상이 정권 사이로 지나가는 실핏줄이 터져 피가 흐르거나 물집이 잡히는 것이다. 좀 더 강하게 단련을 하거나 효과적인 단련을 하고 싶다면, 수련 도중 위와 같은 부상을 입었다면, 설령 통증이 전혀 없거나 자신이 목표한 훈련시간에 못 미쳤다고 하더라도 단련을 즉시 중단하길 바란다. 그렇게 해야지만 하루나 이틀이 지난 후에 또 다시 훈련에 전념할 수 있게 된다. 그 이상의 훈련은 훈련이 아니라 몸을 혹사시키는 것이 된다는 것을 명심할 것!

3. 정권을 단련할 때 피부가 벗겨지는 부상을 입을 수 있다. 역시 나무 단련대를 통한 수련에서 가장 많이 생길 수 있는 부상인데, 잘못된 수련방법으로 인해 생긴 부상이다.

타격을 한 후 느끼게 되는 타격감이 매우 중요하다.

타격을 한 후에 주먹은 타격점의 위치에서 흔들리거나 이동되어서는 안 된다.

즉, 처음 타격지점을 향하여 주먹을 뻗은 이후에 주먹은 언제나 그 타격지점에 완전히 고정되어야 하며, 다시 주먹으로 타격 지점을 가격하기 위하여 주먹을 떼었을 때 비로소 타격이 끝난다고 생각해야 한다. 좀 더 쉽게 설명하자면 타격 이후에 주먹이 흔들리거나 움직여서는 안 된다는 것이다. 이유는 간단하다.

주먹으로 타격한다고 할 때 당신의 피부는 타격대의 표면과 정권 뼈의 사이에 들어서게 된다. 이 때 뼈가 움직이면 당신의 정권 피부도 움직이게 되는데, 이것이 반복되면 피부에 마찰이 생기고 그에 따라 피부가 벗겨지게 되는 것이다.

일단 피부가 완전히 벗겨지는 부상을 입는다면, 완전히 회복될 때까지 훈련을 중지해야 한다.

완전히 상처가 아물지 않았음에도 불구하고 정권단련을 시도한다면 또 다시 더 큰 부상을 초래하게 된다.

* 철사장 단련대와 벽걸이 나무 단련대는 인터넷 쇼핑몰인 무토에서 쉽게 구입할 수 있다.
  판매처- http://shop.mookas.com

새끼줄 단련대 (마끼와라)

일명 '마끼와라' 라고 하는 단련대이다. 일본말인데, 한국말로 직역하면' 짚이나 새끼줄을 꼬아 감다' 로 해석된다. 그러니까, 이 단련대는 조그만 판자에 새끼줄이나 짚을 감아서 타격하는 단련대인 셈이다.

우리가 일반적으로 생각했던 단련대와는 사뭇 다르다.

예전에 무술영화나 드라마에서 자주 등장하는 장면....

산속에서 무술을 연마하는 청년이, 그냥 살아있는 생소나무에다가 새끼줄을 감아서 무술수련을 한답시고... 정권으로 마구, 그리고 무자비하게 쳐댄다.

그걸 보고는 "저 놈이 주글라고 환장을 했구나..."라고 생각했던 적이 있었다. 그런데 문제는 이것이 많은 사람에게 각인되어 '주먹 단련은 당연히 나무에다가 새끼줄을 감아놓고 쳐대면 되는 것이다' 라는 것이 통념화 되었다는 것이다. 참으로 문제가 아닐 수 없다.

 실제로 필자를 찾아오는 몇몇 중년의 수련자는 어디서 어떤 영화를 보았는지 이미 주먹을 망가뜨려 놓았다. 동네의 공원에 있는 은행나무에 새끼줄을 감아놓고 새벽에 일찍 일어나 열심히 정권단련을 한다는 것이다. 그리고는 자신의 주먹을 보여주며 자랑을 한다.

 외관상으로는 주먹의 뼈가 튀어나와 있고, 굳은살이 올라와 단련된 것처럼 보이지만, 정권부분을 손가락으로 살짝 누르기만 해도 통증을 호소하게 된다. 손을 망가뜨린 것이다.

 이러한 경우, 회복 또한 상당한 기간이 걸리지만 완전히 회복되었다고 해도 통증은 계속해서 따라다니게 된다. 잘못된 정보를 마치 사실인양 믿게 된데서 비롯된 결과치고는 혹독한 일이다.

 이러한 문제는 정권단련을 할 수 있는 새끼줄 단련대를 만드는 방법이나 기법을 전혀 모르기 때문에 일어나는 현상이다.

 새끼줄 단련대를 만들어 나무기둥에 묶는 것은 매우 좋다. 하지만 역시 생 나무에다가 새끼줄을 감아 그냥 마구 두들기는 방법은 극히 자제해야 한다.

 필자는 마끼와라 정권이나 수도 또는 각권 등을 수련하는 것을 매우 좋아한다.

 몸의 부상을 최소화하고 효과는 아주 극대화 시킬 수 있으며, 제작방법 또한 매우 간편하다. 이번 장에서는 정권단련에 아주 효과가 좋으며 집에서도 손쉽게 만들어 사용할 수 있는 새끼줄 단련대에 대해서 알아보자!

만드는 방법

준비물

1. 나무로 된 판자
2. 면 재질로 된 보자기
3. 가위와 못 쓰는 자전거 튜브
4. 새끼줄(보통 굵기)

도복지 하나면 마끼와라 4개를 만들수 있어요..

① 못 쓰는 청바지나 도복바지의 한 쪽을 잘라 사용한다.

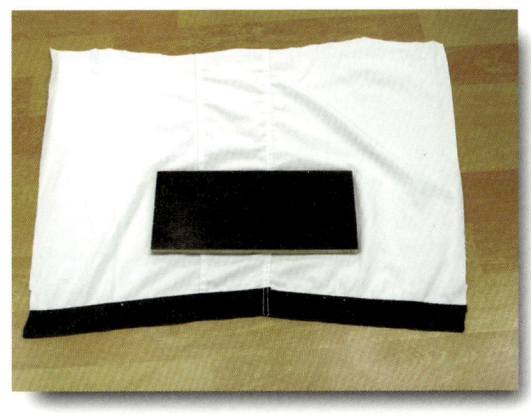

② 네모반듯하게 잘라 바닥에 잘 펴고 그 위에다가 판자를 올려놓는다. 천의 크기와 판자의 크기 비율을 잘 맞추어야 한다.

③ 못 쓰는 자전거 튜브를 준비한다. 바람을 넣는 부분의 파이프는 가위로 잘라낸다.

자전거튜브의 바람 구멍부분을 잘라줍니다.

④ 자전거 튜브 2개를 양쪽에 하나씩 가지런히 놓는다. 가운데 있는 나무판자의 맨 가장자리 쪽에 위치하게 하여야 한다.

꼭! 자전거 튜브가 아니라도 상관없습니다. 철물점에 가시면 대신할 수 있는 고무줄이 있을 겁니다.

만약, 스테플러가 없다면 조그만 합판못을 사용해도 좋습니다.

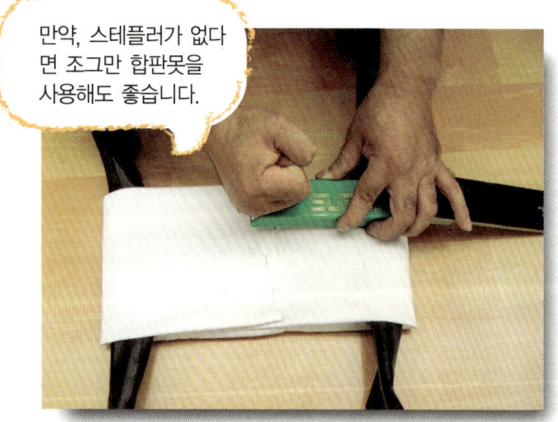

⑤ 스테플러를 사용하여 천을 고정시킨다.

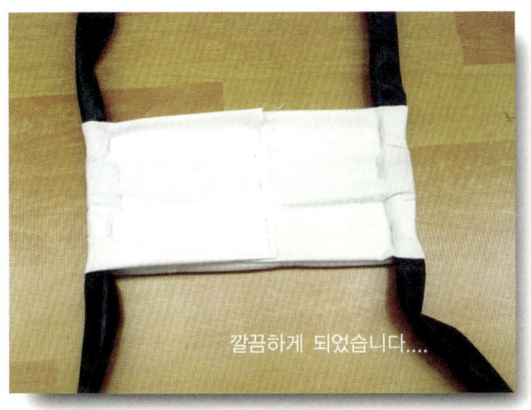

⑥ 깔끔하게 마무리 한다.

깔끔하게 되었습니다....

새끼줄을 많이 올리면 충격은 완화됩니다. 하지만 적당한 것이 젤루 좋습니다.

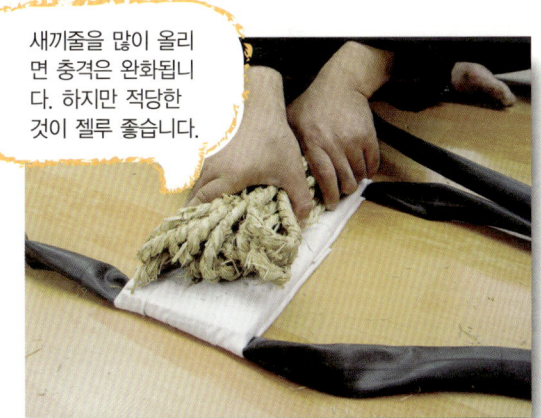

⑦ 앞쪽으로 뒤집어 판자보다 작은 크기의 새끼줄을 말아서 판자 위에 가지런히 올려놓는다.

보기보다 쉽지 않으니까... 누군가와 함께 하세여!

⑧ 강한 힘으로 새끼줄을 촘촘히 감는다.

⑨ 완전히 감게 되면 남은 새끼 줄을 뒤로 하여 풀리지 않도록 그림과 같이 잘 엮는다.

감아 논 새끼줄이 벗겨지는 것을 방지하기 위하여 그림과 같이 3군데로 단단히 엮도록 합니다.

⑩ 완성된 새끼줄 단련대

이제! 벽이나 망치를 상대로 정권단련을 하지 마십시오!

사용법

완성된 단련대를 기둥 뒤에 묶는다. 자전거 튜브의 탄성으로 인하여 단련대는 기둥의 벽에 완전히 밀착되어 움직이지 않는다.

한 방 한 방 신중하게 정권지르기를 실시한다. 당신이 생각하는 것보다 훨씬 타격감이 좋고 부드럽다.

잘못된 가격법을 개선하자

1. 당신이 권투의 귀재이며 세계 챔피언을 먹었다고 하더라도 단련대에 권투의 잽처럼 주먹을 날리지 말 것을 충고한다. 특히 끊어 치는 방법의 타격은 주먹의 타격부위 포인트를 빗나가게 만들어 부상을 유발시킨다.

2. 잘못된 각도로 주먹을 뻗지 마라! 한 방 한 방 타격할 때마다 당신의 정권 뼈마디가 지금 정확하게 타격대를 타격하고 있는지를 확인하고 잘못되었을 때는 곧바로 시정해야 한다.

3. 힘의 강약을 조절하라! 무조건 세게만 친다고 좋은 것이 아니다. 또는 애들 장난처럼 타격대에 주먹을 지근거린다면 그 또한 효과가 떨어진다. 어떤 종류의 타격대에 어떠한 방법, 어느 정도의 힘으로 타격할지를 파악하라!

4. 훈련시간을 초과하여 수련하지 말라!

5. 단련대에 박치기를 하지 말라! 언뜻 생각하면 이상하게 들릴지 모르겠지만 의외로 많은 사람들이 단련대에 박치기 수련하는 것을 목격하게 된다.
   단련대에 머리를 박는다고 이마가 단련되지는 않는다. 더욱이 경추부분에 심한 타격을 입어 목 디스크로 발전될 가능성이 크다.

> 비하인드 스토리(Behind Story)-약장수로 살아남는법!

일반적으로 우리가 알고 있는 격파의 원리를 정의하면 흔히들 아래와 같이 이야기 한다.

 격파는 "몸과 마음, 음과 양, 이와 기, 형이상학과 형이하학 등이 하나가 되어 합일의 경지에서 창출되는 실천적 신체행위의 표현이다!"라고 주장한다.

 뭔가 매우 복잡한 설명이며 너무나 학문적이다.

 필자가 여러분에게 필자의 방식대로 격파를 설명 드리자면….

"격파는 사실상 과학적 원리가 포함되어 있는 속임수이다!"라고 말하고 싶다.

 그러니까 격파의 기술은 그 무술의 실력이나 무력을 대변하지는 않는다는 것이다.

 한 가지 예를 들어보자!

 지금은 찾아보기 힘들지만….

 우리가 어릴 때만 해도 골목길 어귀의 공터나 시장의 한 귀퉁이에서 이른바, 만병통치약을 판매하는 약장수가 입에서 불을 뿜고 이마로 각목을 부수며 자연석을 수도로 격파하는 장면을 많이 목격했을 것이다.

 너무 먼 옛날까지 거슬러 올라가지 않더라도, 이태원 나이트클럽에서 밤만 되면 나이 어린 젊은 차력사들이 무대 위에 올라가 온갖 차력을 다 보여준다.

 무술을 수련한 사람이라면 기본적인 격파기법을 알고 있을 것이다. 필자 또한 격파의 이론을 공부하고 수련했던 사람 중의 하나다. 그러나 이러한 격파가 능숙하다고 해서 무술 실력이나 무력이 높다고 볼 수 없다는 것이다.

 격파는 각종 무술을 연마했을 때 그 위력을 실험하기 위한 수단, 또는 자기실력의 평가기준이나 단련을 통한 성취감으로써의 목적, 그 이상도 그 이하도 아닌 것이다.

격파의 정석

 필자는 아직까지 공사장에서 사용하는 빨간 벽돌 3장 이상을 격파한 무술인을 본 적이 없다. 필자가 본 최고의 격파는 벽돌 2장을 손으로 격파한 모 태권도장의 관장이었다.

그것도 직접 본 것이 아니고 TV를 통해서 보았다.

어느 날 TV에서 방영하는 태권도 한마당 축제에서 누가 가장 격파를 잘 하는가? 에 대한 대결이 이루어진 적이 있었다.

전국 각지에서 태권도를 수련하는 사범들이 모여서 자웅을 겨루는데, 그 대회에서 한 선수가 빨간 벽돌 2장을 격파한 것이다. 필자는 그 광경을 보고 감탄사가 절로 나왔다.

일체의 트릭이 없는 격파였기 때문이다.

당신이 생각하길, 벽돌 2장을 격파한 것이 뭐가 그리 대수인가? 라고 말할지 모르겠지만 그것은 정말 대단한 일이다.

지금까지 당신이 보아온 격파는 십중팔구 트릭에 의해서 이루어진 격파일 가능성이 높다.

벽돌 2장을 여유 공간 없이 겹겹이 포개어 놓고 수도로 그걸 쳐서 격파한다는 것은 사실상 과학적으로도 불가능에 가깝다. 기본적인 격파의 이론을 완전히 무시하고 오로지 힘으로, 근성으로 그리고 손의 단면으로만 그것을 가능하게 한 것이기 때문이다.

만약 필자가 두 장의 벽돌을 오른손, 왼손바닥에 하나씩 올려놓고 두 손을 앞으로 나란히 한 다음, 벽돌과 벽돌의 사이를 5cm 정도 띄어놓았다고 가정하자! 그리고는 당신이 수도로 그것을 후려친다면 반드시 깨진다. 그것도 2장의 벽돌이 보기 좋게 부서질 것이다.

당신은 당신의 수도로서 벽돌을 후려쳤지만 사실 당신이 한 일은 벽돌과 벽돌을 부딪치게 한 것뿐이다. 그러니까 당신이 벽돌을 깬 것이 아니고 벽돌이 벽돌을 깬 것이 된다.

당신이 지금껏 보아온 격파는 대부분 이런 기법의 격파들이다.

물론 그러한 원리의 기법들 중에도 고난이도의 수련이 필요한 것들이 즐비하다.

하지만 격파는 직관적으로, 그리고 정확하게 직시하는 눈만 있다면 얼마든지 가능하다.
당신이 무술인이라면 말이다!!
격파의 기법은 수 십 가지에 달하지만 그것을 전부 소개할 수는 없고, 여러분이 궁금해 할만 한 것 중에서 몇 개를 소개해 보고자 한다.

얼음격파

지금부터 소개할 기법은 도미노 격파기법으로 모든 격파의 가장 기본적인 트릭을 이용한 격파법이다.

보통 기와나 대리석, 또는 얼음격파에서 사용되며, 병목 날리기에서도 자주 사용된다.

당신이 얼음 1장을 격파할 능력이 있다면, 이 기법으로 얼음 5장 이상을 격파할 수 있다. 또한 당신이 2장을 격파할 능력이 있다면 얼음 10장 이상을 격파할 수 있다는 것이다.

원리는 다음과 같다.

얼음은 얇고 긴 것을 고르며, 폭이 좁은 것을 선택한다.

얼음이 가로로 길면 길수록 격파하기 매우 쉬워지는데, 관중에게는 얼음이 가로로 길면 길수록 시원하고 깔끔한 격파로 보이게 된다.

우선 맨 밑에 벽돌 2장을 놓고, 그 위에 얼음 한 장을 올려놓는다. 이 때 받침 벽돌은 가로 기준으로 얼음의 최대 양 끝에 놓이게 한다. 그렇게 해야지만 격파가 수월해진다.

그리고 다시 그 위에 벽돌 2장을 올려놓고, 다시 얼음 한 장을 올려놓는다. 이런 방식으로 10장의 얼음을 올려놓았다고 가정하자! 앞에서 보면 얼음 한 장의 맨 끝 쪽에 벽돌로 괴어져 있는 형태이며, 마치 성냥 쌓기 놀이를 하는 것과 비슷하게 보인다.

손의 부상을 방지하기 위해 맨 위의 얼음 위에 손수건을 올려놓는다.

당신이 격파자라고 가정해 보자!

체중을 이용하여 상단에 있는 얼음을 타격한다.

얼음 격파의 경우 손날 수도와 손목 그리고 팔뚝 전체로 가격하는 것이 요령이다.

첫 번째 얼음이 부서질 때 손을 떼지 말고 맨 밑에 있는 마지막 얼음까지 손을 터치한다는 느낌으로 동작을 계속해야 한다. 이렇게 해야만 힘이 위에서 아래쪽으로 전달되기 때문에 격파가 더욱 용이해진다. 이런 기법이 숙달되면 다음과 같은 현상이 일어난다.

당신의 수도가 맨 위의 얼음을 타격하여 얼음이 격파되면, 첫 번째 얼음은 반으로 쪼개지며 바로 밑에 있는 얼음에 부딪치게 되고, 그 충격으로 2번째 얼음이 2등분되며 파괴된다.

다시 두 번째 얼음은 3번째 얼음을 때리고 그 충격으로 3번째 얼음이 부서진다. 이러한 현상이 도미노처럼 일어나며 10번째의 마지막 얼음까지 파괴되는 것이다.

이러한 모든 현상들이 0.5초의 짧은 시간에 일어나며, 마치 한 동작으로 격파한 것 같은 착각을 불러일으키게 된다.

요즈음은 얼음공장에 주문하여 제빙기(製氷機)에 얼음을 얼릴 때부터 쉽게 부서질 수 있는 격파용 얼음으로 따로 만들기도 한다.

당신이 해야 할 연습

얼음격파의 원리는 대리석을 격파하거나 기왓장을 격파하는 원리와 똑같다. 격파를 하기 위해서는 다음의 두 가지가 반드시 이루어져야 한다.

1. 수도를 단련시킨다. - 얼음격파의 경우 얼음 위에 수건을 올려놓기 때문에, 약간 손바닥 쪽의 수도로 타격해야 한다. 이것은 특별히 수도를 단련한다는 의미보다는 요령의 숙지가 중요하다.

만약 어떠한 트릭 없이 격파하길 원한다면 새끼손가락 쪽 수도의 손날을 단련해야 한다. 단련의 요령은 손바닥 쪽이 아닌 손등 쪽의 새끼손가락 수도의 뼈를 지속적인 훈련으로 단련하는 것이다. 또한 격파를 할 때 격파물에 수건을 깔면 오히려 격파되지 않는다. 약 6개월간 수도를 단련한다면 웬만한 시멘트 벽돌쯤은 격파가 가능해 진다.

2. 어떤 격파물이든 맨 위의 격파물 1장만이 격파가 되었다면 격파의 요령을 잘못 이해하였기 때문이다. 도미노식 격파물은 친다는 느낌이 아니라, 누른다는 느낌으로 행하여야 한다. 시연자의 몸무게가 무거울수록 격파율이 높은 것은 이 때문이다.

병 목 날리기

맥주병이 잘 깨진다.
우선 빈 맥주병에 물을 담는다.
물을 담을 때 반드시 몸체에서 병의 주둥이로 올라오면서 구부러지는 부분까지만 담는다.
이렇게 4개를 만들어 놓는다.
탁자 위에 4개의 병을 놓는데, 병 목 날리기의 공식을 준수해야 한다.

1. 반드시 가로 일렬로 놓이게 한다(일렬횡대).
2. 가장 중요한 것은 물의 양을 4개 모두 동일하게 맞추어야 하며, 반드시 병목이 좁아지는 구부러지는 지점까지만 물이 올라오게 담아야 한다.
3. 병과 병 사이 간격은 1.5cm 정도로 일정하게 유지해야 한다.

당신이 해야 할 연습

손이 조금이라도 비틀어지지 않게 하며, 손의 수평을 잘 유지해서 수도로 칠 수 있도록 숙달시키기.

빠르게 타격할 수 있는 기본적인 스피드를 기르는 일.

위의 조건이 잘 갖추어지면 격파를 해 보도록 하자!

탁자 위에 있는 4개의 병목을 향해 수도로 후려친다.

타격부위는 병목의 중간지점이 된다. 쩡~! 하는 소리와 함께 병은 약간의 흔들림과 몇 방울의 물만 튀긴 후 탁자위에 그대로 놓여 있고, 병목은 온데간데없이 날아가 버린 상태가 된다.

당신이 첫 번째 병목을 후려치는 순간, 첫 번째 병은 두 번째 병과 부딪치게 된다. 물의 양이 매우 중요하다고 한 것은, 부딪치는 순간 물이 있는 곳과 없는 곳이 만나는 지점에 부딪쳐야 하기 때문이다. 격파되는 순간 탁자위에 남아있는 병들은 모두 물이 가득 채워진 부분들이며, 물이 없는 꼭지 부분은 잘려 나가게 되는 것이다.

첫 번째 병의 목이 날아가고 두 번째 병은 세 번째 병을 때린다. 역시 두 번째 병목이나 세 번째 병목이 날아가며 물이 담긴 맥주병이 다음 병을 때린다. 도미노 현상이 일어난다.

병목이 날아간 자리를 살펴보면, 정확히! 물이 담겨져 있는 경계선이 잘려져 있다는 것을 알 수 있다. 스피드가 부족하면 항상 마지막 병의 목은 그대로 있게 되며, 병목이 잘리지 않고 쓰러지는 수가 많은데, 연습을 하면 개선된다.

* 필자는 단 한 개의 병만을 탁자 위에 올려놓고 어떠한 트릭도 없이 병 목 날리기를 시도하여 격파했다는 소문이나 현장을 본적이 없다. 지구상의 어느 누구도 이것을 해내기란 불가능에 가깝다. 하지만 2개 이상은 조금만 연습하면 누구나 가능하다.

자연석의 격파

예전의 꿈....

신축건물을 짓기 위해 집을 철거한 후에 생긴 공터에서 회충약을 팔던 턱어리에 털이 잔뜩 난 털보 약장수가 한겨울임에도 불구하고 갑바를 자랑하기 위해 윗옷을 벗어 던지고 단 한방의 수도로 단단한 차돌맹이를 깨부수는 순간을 보았을 때 난 전율했었다.

저 정도의 손이면 황소도 때려잡을 것만 같았다.

인간의 손이 차돌보다 단단하다니....

그야말로 천하무적이라고 생각했었다.

그로부터 10년 후, 필자가 몇 번의 시도 끝에 벽돌이나 차돌을 격파하기 전까진 말이다.

자연석의 격파는 4박자가 맞아야 격파가 가능하다.
첫째 – 소재의 선택(가늘고 길쭉한 연질의 돌멩이)
둘째 – 자연석을 격파할 때 사용되는 철공소용 모루(anvil)(이것이 없다면 자연석 격파는 매우 어려워진다.)
셋째 – 역시 수도의 단련이다. 이 수도 단련은 어느 정도의 충격에도 손에 부상을 입지 않을 정도의 단련을 뜻하는 것이지, 황소도 때려잡을 만큼의 망치 같은 손을 만들라는 것이 아니다.
넷째 – 격파에 사용되는 약간의 트릭과 그 트릭을 숙달시키는 연습시간

* 모루-단조(鍛造)나 판금(板金)작업 때 공작재료를 얹어놓고, 해머로 두드려 가공하는 대(臺). 요즘은 모루 대신, 기차가 지나다니는 철로 같은 것을 약 20~30cm 정도 잘라 사용한다. 휴대가 간편하고 모루와 비슷한 효과를 얻을 수 있다.

격파의 원리

당신이 좀 더 쉽게 이해할 수 있도록 설명해 보겠다.

우선 모루 위에 손등이 밑으로 가게 하여 왼손을 올려놓는다.

아주 작은 힘으로 자연석을 격파하고자 한다면 모루가 끝나는 지점에 손이 위치하게 한다. 그리고 다른 손으로 돌을 집어 왼손으로 자연석을 감싸 잡는다.

잡는 법은 다음과 같다.

자연석을 대략 3등분으로 해서 놓고 볼 때, 왼손으로 3분의1 지점을 잡는다.

오른손으로 타격할 수 있는 지점은 정확하게 2분의1 지점의 가운데 부분이다.

힘차게 수도로 타격하는데, 손의 바닥 쪽에 위치한 부분으로 타격하는 것이 좋다.

여기에서 트릭이 필요하다.

수도가 격파물에 닿는 순간 왼손을 이용하여 자연석을 1cm에서 약 3cm정도 모루의 바닥이나 모서리에서 떨어지게 하여 공간을 만든다. 아주 짧은 순간에 이루어져야 한다.

타격을 가하게 되면 격파물은 수도로 타격하는 부분에 충격을 받는 것이 아니라, 그것이 눌려 밑에 있는 모루의 면이나 모서리에 부딪쳐 충격을 받게 된다. 특히 모서리의 경우는 손으로 감싸지 않은 2분의1 지점의 끝부분을 타격하게 된다. 그러므로 반드시 격파물을 타격하는 부분의 강도가 차돌보다 강해야 한다.

맨손으로 차돌을 부순다는 것은 지구상에 살아있는 어떤 동물도 할 수 없는 불가능한 일이다. 몸무게가 몇 톤이나 나가는 코끼리가 밟아도 깨지지 않으며, 수 십 톤의 덤프트럭이 지나가도 깨지지 않는다. 그러나 가정에서 사용하는 조그만 망치로 내려치면 누구나 쉽게 돌멩이를 깰 수 있다.

격파의 원리나 이론을 알게 되면 격파에 매우 흥미를 느끼게 될 것이다.

어느 정도 신체를 단련하게 되면 격파를 하고 싶은 충동을 느끼게 된다.

당신이 처음 격파를 시도할 때는 지도자의 엄격한 지도가 필요하다.

격파의 요령을 모르고 오로지 힘으로만 격파를 하려 한다면 매우 위험한 상황을 초래할 수 있다.

 다음에 기회가 된다면 여러 가지 격파기법에 대한 자세한 사진과 설명을 통해 그 원리를 상세하게 소개해 보도록 하겠다.

4. 도(道)에 대해서 아십니까?

정좌(靜坐)에서 묵상(默想)까지

 공권유술 도관에 입문(入門)하게 되면, 제일 먼저 공권유술의 철학과 함께 여러 가지 기술의 원리를 배우게 되며, 도장의 수련실 내부를 돌아보며, 수련인의 기본적인 소양에 대한 내용을 듣게 된다.
 첫날은 기본적인 기술을 배우기 전에 "호신!(護身)"이라는 구호와 함께 하는 인사법과 이번 장에서 언급하고자 하는 묵상(默想)에 대해 배우게 된다.
 이 묵상이라는 것을 하기 위해서는 아주 기본적인 정좌(靜坐)를 알아야 하는데, 이것이 보기보다는 어려운 구석이 있다. 정좌는 매우 단정하게 느껴지는 앉음새로, 보는 이로 하여금 품위와 기품을 느끼게 하는 자세이다.
 더욱이 마음을 가라앉히고 몸을 바르게 하기에는 최고의 자세인 것이다.
 공권유술도관에서 수련을 하기 전과 하고 난 후에는 대부분 정좌를 하고 묵상을 하게 된다.
 물론 필자도 같이 묵상을 하는데, 몇 분이 지나서 실눈을 뜨고 사람들의 동태를 살피면 그야말로 가관이 아닐 수 없다.

우선 다리가 저리니까 엉덩이를 들썩들썩 움직이고, 어떤 이는 마치 똥 누는 자세 마냥 매우 불편하고 엉거주춤한 자세를 하고 있는데, 대체적으로 허벅지가 두꺼운 뚱뚱한 체형의 사람에게서 많이 보인다.

보편적인 현상은 자주 머리를 긁적이거나 온 몸의 이곳저곳을 쑤시고 만지는 것이다.

참으로 이상한 일이 아닐 수 없다. 평소에는 전혀 하지 않던 행동을 꼭! 정좌하고 눈감고 묵상을 할 때에 하는 것이다.

이러한 현상은 수련을 처음 하는 날부터 약 3개월 사이에 일어난다. 3개월이 지나면 적응이 되어 오히려 정좌가 훨씬 편하고 바른 자세를 하게 된다. 또한 깊은 생각을 하기에도 좋다.

하긴... 일반인들이 살아가면서 평생 동안 무릎을 꿇고 앉아있는 것이 몇 번이나 되겠는가?

예전 같으면, 어르신들이 "애 ○○야~ 일루와 앉아라!" 라는 말이 떨어지면 쏜살같이 달려가 무릎을 꿇고 앉는다. 지금은 어떤가? "왜?" 또는 "왜요?" 라는 말로 토를 달기 일쑤다. 가정이나 학교에서 정좌의 교육이 사라졌다.

이것은 예절교육의 기반을 흔들게 된다.

어찌된 것이 아버지나 어머니가 아들의 방에 들어가더라도 누워 있든, 의자에 앉아 있든, 그 자세 그대로 있는 경우가 많다. 어른이 오시면 자리에서 벌떡 일어나야 하고, 어른이 먼저 앉게 되면 그 후에 무릎을 꿇고 자리에 앉아야 함에도 불구하고 이러한 행동을 찾아보기 어렵게 된 것이다.

그런 의미에서 보더라도 무술에서의 정좌와 묵상은 예절교육에도 큰 도움이 된다.

모든 예절의 근간은 정좌(靜坐)에 있다고 해도 과언이 아닐 것이다.

더욱이 그것이 무술을 수련하는 한 과정이라면, 매우 중요한 요소가 아닐 수 없다.

일단 정좌에 대해서 알아보자!

　영어로는 '메디테이션(Meditation)' 이라고 부르거나, 혹은 '시팅 콰이어트(Sitting-Quiet)' 라고 불리는 이 술어는, 중국말로는 '징쭈오', 한국말로는 '정좌', 일본말로는 '세이자' 라고 읽는 한자어의 정좌(靜坐)를 뜻한다.
　오오니시 세이류우(대서청륙)에 의하면 정좌의 뜻은 다음과 같다.
　'고요히 앉아서 심신을 가라앉히는 것을 가리키는 것이다.' 라고 말한다.
　국어의 사전적 의미도 이와 비슷하다.

정좌(靜坐)[명사][마음을 가라앉히고 몸을 바르게 하여 단정히 앉음] 이라고 해석하는데, 이러한 맥락에서 보았을 때, 묵상과 정좌는 서로 뗄래야 뗄 수 없는 불가분(不可分)의 관계라 할 수 있겠다.
　특히, 정좌 한 가지로만 보았을 때, 중국 도학의 실천적 학문방법의 하나에 속한다. 주렴계는 [주정]을 말하고 있으나, 명백히 정좌를 학문의 방법으로 채용한 것은 이정자에 시작한다.
정이천은 사람들이 정좌하는 것을 보곤 감탄하였다고 한다.

*상식한마디
정이천-자 정숙(正叔). 호 이천(伊川). 시호 정공(正公). 허난성[河南省] 뤄양[洛陽] 출생. 이천백(伊川伯)에 봉하여졌으므로 이천 선생이라 존칭된다. 형 정호(程顥:程明道)와 함께 주돈이(周敦頤:周濂溪)에게 배웠고, 형과 아울러 '이정자(二程子)' 라 불리며 정주학(程朱學)의 창시자로 알려졌다.

　정좌는 아마도 불가의 좌선을 모방한 것이라고 생각되나, 일반적으로는 좌선 입정을 의도하는 것이 아니라, 도리어 그것을 배척하고 일상생활에서 흐트러지고 동요하기 쉬운 의식을 조용히 하여 정신을 집중 통일하고, 지향을 정하여 존양성찰의 한 도움이 되도록 하는 수단이라고 한다.
　선불교에서는 이 술어를 잘 쓰지 않을 뿐만 아니라, 일본에서는 그 발음까지도 [세이자]라 하지 않고 [죠오자]라고 하며, 그들은 유학적 의미와의 혼동을 피하기 위해 한자까지도 정좌(正坐)대신에 정좌(靜坐)를 사용한다.
　당조가 중국을 통일하였을 때는, 수도에 있던 유학관료들과 일반적인 유학지성인들은 새롭게 일어나는 불교의 종교 세력과 정면충돌을 하게 되었고, 그들은 자신들의 주변 환경에서 참을 수 없는 외래사상의 무거운 압력을 느꼈다.

유학자들은 참선에 의한 불도의 묘리해탈을 얻기 위하여 자신들의 부모와 처자를 버리고 입산한 인륜에 벗어나는 불도들에 반대되는 개념으로, 가정에서 인간의 도리를 다해가면서 수양을 할 수 있는 새로운 생활양식을 모색하였다고 한다.

뭐, 보통 누군가는....

그냥 무릎 꿇고 앉으면 되는 것이지, 별것도 아닌 것을 가지고 그리 호들갑을 떨며 의미를 부여할까? 라고 생각하는 분들이 있을 것이다.

일반적으로 여러분이 알고 있는, 그리고 자주 들은 바 있는 수도(修道)라는 것을 살펴보면, 일명 도(道)라는 것을 닦는 사람들이 흔히들 하는 말로,

쉽게 설명하자면, 수도(修道)란 도가(道家)의 정좌법(靜坐法)을 말한다.

그러니까 산속에 들어가서 돌멩이를 '박박' 문지르는 것이 아니라, 그냥 무릎을 '팍' 하고 꿇는 것 자체가 수도(修道)요, 도(道)를 닦는다는 말이다.

이 별것 아닌 정좌 하나만을 가지고 도가 튼다니, 반가운 일이 아닐 수 없다.

이 정좌법은 단전호흡(丹田呼吸)과 기(氣)의 단련으로 심신을 수양하는 것인데, 대부분의 무사(武事)들이 이를 중요시 하였다고 전해진다.

무예에 조예가 깊다는 것은 일찍이 그 무술이 도(道)의 경지에 들어서는 것이라고 생각한 것이다. 물론 공권유술도(空拳柔術道) 또한 이것을 중시 여겨 정좌법에 매진한다.

정좌법 외에 무예에 큰 영향을 끼친 것이 중국 선종(禪宗)의 좌선(坐禪)이다.

달마조사(達磨祖師)가 저술한 《역근경(易筋經)》은 그러한 내공(內功)을 통한 심신단련법을 설명한 책이다.

너무 복잡하게 설명하고 이야기 하지 않더라도 정좌에도 심오한 뜻이 있다고 독자여러분이 해석해 주시길 바란다.

각설하고, 어떻든 지금부터 올바른 정좌법과 정좌의 요령에 대해서 알기 쉽게 설명해 보도록 하겠다.

정좌시합으로 알아보는 정확한 정좌법

정좌시합이란? 누가 더 올바른 자세와 정확한 자세로 정좌(正坐)를 오래할 수 있는가를 겨루는 시합이다.

여기에서 정좌(正坐)는 묵상을 이끄는 정좌(靜坐)의 토대가 된다.

우선은, 자신이 어느 정도의 시간까지 정좌를 할 수 있는지를 아는 것이 중요하다.

한 번 시험 삼아 '이제는 죽어도 못한다' 라고 생각될 때까지 한번 정좌 해보길 권유한다.

만약 10분 정도를 정좌한다면 매우 훌륭하며 끈기가 있다.

혹시 20분 이상 정좌를 한다면 묵상을 할 수 있는 단계로 접어들 수 있다.

만약 1시간 이상을 할 수 있다면 거의 반은 도사가 되었다고 보면 된다.

(등골을 곧게 편다)

등골을 곧게 펴고 바른 자세로 정좌를 실시한다. 이것에 익숙하지 않으면 새우등 같이 구부러질 수도 있다. 처음에는 어렵지만 연습하면 곧 익숙해진다.

정확한 정좌가 이루어지고 시합이 시작되면 몸을 움직여서는 안 된다. 특히 몸을 흔들게 되면 반칙처리가 될 수 있다.

일반 묵상은 위의 그림과 같은 모습에서 눈을 반쯤 열고 명상하면 묵상이 된다.

눈을 완전히 감아도 좋다.

(가랑이 사이는 주먹이 두 개 정도 들어갈 공간 확보를 한다)

　무릎과 무릎사이의 벌림은 자신의 주먹이 한 개 내지 2개 정도 들어갈 정도의 공간을 확보한다. 이것이 보기에도 좋고 몸이 가장 편한 자세이다. 너무 많이 벌리거나 좁게 되면 반칙이 된다. 두 손은 골반 밑에 자리잡고 있어야 한다.

　일단 자리를 잡게 되면 두 손을 떼어서는 안 되며, 두 손을 떼면 역시 반칙이 된다.

(옆모습)

　머리는 약간 숙여지고 목에서부터 엉덩이까지 완전한 90도 각도를 이루어야 한다. 만약 10도 이상 앞으로 숙여지면 반칙이 된다. 가장 어렵고 힘든 규칙이다.

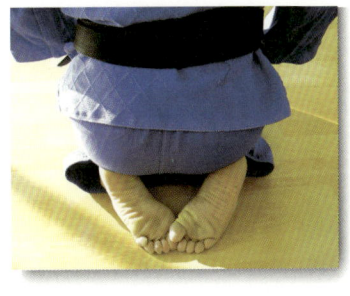
(발의 모양)

　왼쪽 발등이 밑으로 가게 하고, 오른 발등이 위로 올라가게 하는데, 왼쪽 엄지발가락에 오른쪽 엄지발가락이 살짝 포개지도록 자세를 잡는다. 발가락 두 개 이상이 포개지거나 발가락이 떨어져서는 안 된다.

역시 매우 어려운 규칙이다. 더욱이 엉덩이는 뒤꿈치와 완전히 밀착되어야 한다. 만약 엉덩이와 뒤꿈치가 떨어지면 반칙패가 된다.

(동전 보기)

자신의 눈 앞 40cm 지점의 바닥에 동전 하나를 놓는다.

눈을 반쯤 감고 이 동전을 바라보는데, 이 동전에서 눈을 떼어서는 안 된다.

이것은 고개가 좌우로 돌아가거나 상하로 움직이는 것을 방지하며, 집중력을 길러준다.

* 반칙을 하면 심하면 반칙패, 또는 1회 반칙을 할 때마다 1분에서 30초까지 정좌시간에서 감한다.

정좌시합에서의 이모저모

정좌시합을 시작하기 전엔, 이상하게도 치고 박고 싸우는 스파링 시합 때 보다 더 큰 긴장감이 시합장에 돕니다.

 정좌시합을 하기에 앞서 필자가 가족적인 분위기를 유도하며, 몸 풀기를 하고 있습니다. 스트레칭과 같은 몸 풀기는 반드시 필요합니다. 다리에 쥐가 나는 것을 예방해 주기 때문입니다. 정좌 자세는 몸이 유연할수록 더 아름답게 보입니다.

 정좌의 올바른 자세와 시합의 룰에 대하여 설명하고 있습니다. 처음에는 단순히 무릎을 꿇고 있으면 되는 줄 알았는데, 방법을 설명 듣고 모두들 놀라워합니다.
 정좌 겨루기가 매우 어렵다는 것을 이제야 실감합니다. 정좌시합의 룰과 올바른 정좌법은 각 문파, 또는 수행과정에 따라 조금씩 다르게 나타납니다.
 정좌 시합의 승패는 어느 누가 올바른 자세로 인내력을 가지고 오래 버티느냐가 관건이지요.

 드디어 정좌시합이 시작되었습니다. 5분이 지나자 몸이 매우 불편해지기 시작합니다. 10분이 지나면 식은땀이 슬슬 나기 시작하죠.

30분이 지나면 자신과의 싸움이 시작됩니다.

 정좌시합이 시작한다면 선수 개개인별로 하나하나 정확한 시간을 기록합니다
 계시자는 최후의 1인이 남을 때까지 제자리에 서서 기록을 합니다. 계시도 쉬운 일은 아니지요

　수련생 중 가장 정좌의 자세가 좋고 오래할 수 있는 사람이 맨 앞으로 나가 전체를 리드합니다.
　이렇게 함으로써 중도에 포기하지 않고 자신이 목표한 시간을 채우게 됩니다.

　시간이 지날수록 자세가 흐트러지게 마련입니다. 아직까지는 멋진 자세를 유지하고 있습니다.

　1시간이 넘어가자, 많은 이들이 중도 탈락되었습니다. 그리고 3명만이 남게 되었습니다만, 이들 중 한 명인 김은진 선수가 1시간 22분 54초의 기록으로 기권을 합니다.
　그리곤 다리가 말을 듣지 않아 한 동안 자리에서 일어나지 못하고 있습니다.
　상당히 고통스러워 보이는군요. 멀리 선수 2명이 나란히 보입니다.
　이제 이 두 사람이 1위 자리를 놓고 다투게 되었습니다.

바로 옆자리에서 나란히 결승을 치루고 있습니다.

왼쪽의 류병혁 선수는 조금씩 자세가 무너지고 있고, 오른쪽의 이정훈 선수는 요지부동입니다.

결국 이 둘은 2시간이라는 정좌기록으로 나란히 공동우승을 차지합니다.

애초부터 시합시간을 2시간 이하로 규정지었기 때문입니다. 2시간이 넘어가면 무릎에 무리가 가고, 부상의 우려가 있기 때문에 만들어놓은 규칙입니다.

모두 하얀 띠가 우승을 했습니다. 무술을 배우고자 하는 마음과 끈기는 유단자보다 유급자가 더 큰가 봅니다.

멋진 공권유술인이라고 생각됩니다.

입상자들이 환하게 웃고 있습니다.

목에 달려 있는 메달이나 부상으로 얻은 선물 때문만은 아닌 것 같습니다.

무엇인가를 해냈다는 성취감이 이들을 기쁘게 했을 것이라 짐작합니다.

정좌를 마치고 그들은 한동안 자리에서 일어나지 못했습니다.

그들도 다른 이들과 같이 똑같이 힘들고 다리가 저려왔으며, 쥐가 났을 겁니다.

자신의 인내력을 시험하는 것! 그리고 소기의 목적을 달성하는 것! 그것이 공권정신이 아닌가 생각해 봅니다.

자! 이제 여러분도 도전해 보십시오!!

* 시합에 참가한 모든 선수의 정좌 시간을 정확히 측정하여 사단법인 공권유술협회에서 인정하는 인증서를 수여합니다.

  그 인증서에는 자신의 정좌시간이 담겨 있으며, 그 시간이 정확하다는 것을 인정하는 증서입니다. 30분 이상만 정좌를 하면 인증서를 발급합니다.

공권유술에 엊그제 입문한 생짜배기 초보 수련생이 알아야 할 정좌 상식

1. 앗! 다리가 저리다!

처음 정좌를 배워 시도하면 보통 1분 후부터 서서히 다리가 저려온다.

우리 같은 사람이야 정좌를 한 상태에서 자장면을 시켜먹고 팔짱끼고 졸아도 서너 시간은 너끈하게 넘어가지만, 이것도 도(道)가 터야 되는 것이지 처음부터 금방 숙달되지는 않는다. 일반적으로 다리가 '찌리리' 하고, 감각이 무디어지면서 손으로 꼬집어도 감각이 느껴지지 않는 현상이 일어난다. 이때부터 엉덩이를 '들썩거리게 되는데, 여러 명이 동시에 움직이면 참으로 이상하고 묘한 동작으로 보인다.

처음엔 당연히 다리가 저리느니, 인내심을 가지고 참아라! 참아야 하느니라...

2. 정좌를 하면 숏 다리가 된다?

언제부턴가 도장 내에서 정좌를 하면 다리가 짧아진다고 하는 소문이 있다. 모두가 헛소문이니 현혹되지 말 것! 도대체 누가 이런 터무니없는 소문을 내는 걸까? 얼굴 좀 보고 싶다.

정좌를 하고 있을 때는 다리의 혈액순환 나빠지기 때문에 어릴 때부터 정좌를 하면 키가 작아지는 것이 아닐까 오해할 수 있으나, 정좌와 다리의 길이는 관계가 없다고 하니 걱정 붙들어 매도록!.

3. 다리가 썩어들어 간다?

정좌를 하고 있으면 다리의 오금, 종아리, 발등, 발뒤꿈치, 무릎의 부분 등이 붉어진다. 이 정도가 되면 일어날 때 다리를 절룩거리게 되는데, 제자리에서 한참동안 얼어붙은 동태처럼 발자국을 뗄 수 없게 된다. 마치 종아리와 무릎에 전기가 통하는 것 같다.

흔히들 '다리가 썩어들어 가는 느낌이 든다.'라고 표현하지만 실제로 정좌를 해서 다리가 썩었다는 사람은 보지도 듣지도 못했다.

4. 자신의 몸은 자신이 챙긴다!

도장에서 상대와 앉아서 인사를 할때는 정좌(正坐)를 하는 것이 예의 바른 방법이다.

여기서 말하는 정좌(正坐)와 정좌(靜坐)의 자세는 똑같다. 하지만 무좀이 심하거나 종기가 났을 때, 또는 골절상을 입어서 다리를 심하게 다친 경우에는 정좌를 할 수 없게 된다.

지도자가 볼 때 외관상으로는 알아볼 수 없는 경우가 많다. 이럴 때는 반드시 사정 이야기를 해서 양반다리로 앉거나 정좌수련에서 빠지는 등의 배려를 받아야 한다. 자신의 몸은 자신이 챙긴다!

5. 복장에 대하여

-금지해야할 복장-

쫄쫄이 바지 - 가랑이가 습하게 되고 땀이 찬다. 온 신경이 그쪽(?)으로 가서 묵상 중에 집중이 어렵다.

청바지 - 엉덩이가 당기고 그것이 회음부를 심하게 눌러 정력이 확실하게 떨어진다. 특히 골반바지 같은 경우는 팬티가 보이고 종아리와 허벅지가 조여져서 혈액순환을 막아버린다.

나일론 스타킹이나 기지바지 - 바닥에 미끄러져 가랑이가 자꾸 벌어지고 중심이 무너진다.

-좋은 복장-

도복(道服) - 역시 편하다. 통풍이 잘 되고 가랑이가 시원하며 몸에 무리가 없다.

추리닝이나 헐렁한 복장 - 혈액순환이 잘 되고 간편하며 옷이 가볍다. 하지만 집에서 혼자 수련할때 입도록 한다.

6. 방석을 사용한다.

방석을 사용하면 매우 오랫동안 정좌를 할 수 있게 된다.

왕골방석이나 돗자리용 방석은 오히려 무릎에 자국을 남기게 된다. 그리고 아프다. 푹신한 솜이 들어있는 방석이 금상첨화이다. 무릎을 조금 안쪽으로 해서 앉으면 아주 편하다. 수련이 끝나고 방석을 지참하거나 개인 묵상을 할때 매우 효과적이다.

정좌수련 중 금지해야 할 자세

와따시노 누날애이노 봐데스.

(사무라이 자세)
무릎과 무릎사이를 너무 벌려서 이순신 장군에게 맞아 죽은 사무라이의 앉은 자세를 연상케 한다.

하이!
다꾸앙.. 빠께스.. 스메끼리..
벤또.. 다마네기.. 아따라시..

(바닥에 손을 짚는다)
서서히 시간이 지날수록 바닥에 손을 짚어 몸을 띄우려고 하며, 얼른 정좌를 끝내려고 한다. 더욱이 몸을 들썩거리게 되는데, 주위에서 보면 뭔가 화장실에 가고 싶어 하는 것으로 오해하기 쉽고 매우 추하게 보인다. 더욱이 묵상에 집중하기도 어렵게 된다. 처음에는 어렵겠지만, 손은 무릎 위에 두는 것을 습관화 하도록 한다.

(다리를 포개어 앉는다)

아주 잘못된 자세이다. 그림과 같은 경우는 전혀 발뒤꿈치를 열지 않고 엉덩이를 내려 정좌를 함으로써 곧바로 다리가 저려 몇 분을 못 버티게 된다. 특히 한쪽 다리가 집중적으로 저려오게 된다.

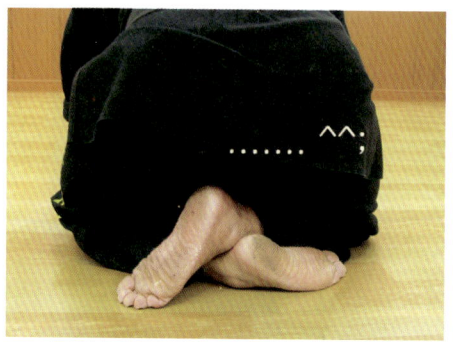

멀고험해... 정좌의 길은.. 앗! 실패, 윽! 실수...

(하늘을 본다)

여러 수련생과 함께 묵상을 할 때 이런 모습을 자주 볼 수 있는데, 머리를 높이 쳐들면 목과 허리에 무리가 갈 수 있다. 보기에도 안 좋고 더욱이 이런 불성실한 자세는 매너 상 큰 결례가 된다.

정좌의 귀신이 되는 노하우

정좌를 오래 못하는 이유는 다리가 저리기 때문이다. 특히 단체로 묵상을 할 때 다리가 슬슬 저려오는데, 사범님은 '거기까지'라는 말을 할 기미를 보이지 않고, 같이 묵상하는 동료 수련생들은 마치 돌부처처럼 꼼짝을 하지 않을 때 매우 난감하다. 이 어려운 상황을 극복하는 위기 탈출의 몇 가지 꼼수를 소개한다.

1. 저리지 않은 다른 쪽 다리에 체중을 싣는다.

한쪽 다리가 서서히 저려 오기 시작하면 다른 한쪽의 다리에 중심을 싣도록 한다. 양 다리를 한 번에 할 수는 없기 때문에, 한쪽씩 번갈아 가며 요령 있게 한다.

2. 좌·우 다리의 엄지발가락 상하를 바꿔 넣는다. 상하를 바꿔 넣을 때에 중심을 좌우에 이동시키면서 실시한다. 예를 들면, 발가락을 꼼지락거리면서 왼발과 오른발의 상하를 바꾸어 놓는 것이다.

가능한 한 사범이나 관장에게 눈치 채이지 않게 한다. 앉아서 절을 할 때에는 중심을 약간 앞에 둔다. 짧은 시간이지만 저림이 조금 덜하다. 깊게 예를 하는 만큼, 시간을 길게하는 만큼 효과적이다.

3. 얼굴 근육을 자극한다.

남성의 경우는 입 위의 부분을, 여성의 경우는 눈썹 상 근처에 있는 근육들을 자극한다. 일어설 수 없을 때도 하면 효과가 있다고 한다.

정좌하고 있을 때에는 여러 근육을 자극해도 효과는 없기 때문에, 일어설 때 하는 것이 효과적이다. 또한, 양 다리의 발끝을 세워 그 위에 엉덩이를 얹는다. 발이 저려 세워지지 않을 때, 다리를 아무렇게나 뻗는 것보다는 좋다. 일어설 때에는 조금 앞에 두면 좋을 것이다. 이 상태를 궤좌(기좌)라고 말한다. 하지만 이것은 매너 위반이 될 수 있으며, 정좌수행에는 전혀 도움이 되지 않는다. 더욱이 이러한 행동은 정좌시합에서는 실격패로 이어질 수 있다.

4. 다리를 무너뜨린다.

다리를 무너뜨리는 타이밍의 요령은 기회의 포착이다. 묵상의 경우 지도자가 '거기까지'라고 외치며 눈을 뜨는 순간에 다리를 무너뜨리는 좋은 타이밍이다. 지도자가 '일어 서'할 때까지 정좌 자세를 하고 있는 것이 좋다. 일어선다.

또한 와술을 할 때 정좌로 지도자의 설명을 듣게 된다. 이 경우 지도자가 시범을 보이는 순간 몸을 움직여 다리를 편하게 만드는 것이다.

그 외 제일 뒤에 정좌한다.

줄이 세워진 상태에서 정좌하는 경우, 제일 뒤의 자리는 움직여도 눈에 띄지 않기 때문에, 정좌 자세에 자신이 없는 분들은, 장소를 선택할 수 있는 경우에 제일 뒷자리를 선택하는 것이 좋다.

정좌에 대한 건강 상식

식사를 마친 후에, 정좌자세를 10분~30분간 취하고 다시 산책을 하거나 다른 일을 하면 간장 기능 개선에 좋으며, 특히 간장이 안 좋은 분들에게 도움이 된다.

간은 인체에서 조혈기능을 하는 중요한 장기로서, 영양물질들이 혈액을 따라 돌다가 마지막에 간장으로 흘러든다. 그러나 식사를 한 후, 체내의 혈액은 소화활동을 돕기 위해 전부 소화기관에 집중되게 되는데, 사람이 누웠다가 일어서는 동안에 간에 흘러드는 혈액의 양이 30% 줄어든다. 또한 식후에 걸어 다니거나 운동을 하면 혈액이 손과 발에 몰리게 되며, 이 때 간장에 공급되는 혈액은 50% 이상 감소된다. 만약에 간장에 공급되는 혈액이 부족하면 간장의 정상적인 신진대사에 영향을 주게 되며 간장을 상하게 된다.

 식사 후 눈을 감고 10분~30분 정좌를 하면 혈액이 간장에 원활하게 공급되어 간세포에 산소와 영양분을 충분히 공급할 수 있다.

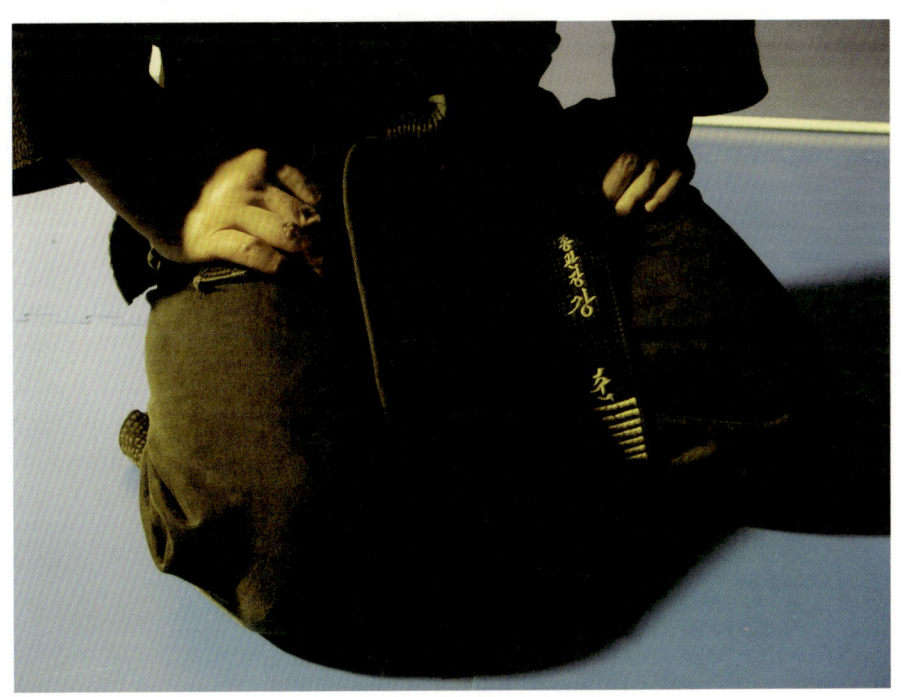

5. 주먹공장의 공장장!

공권유술협회의 홈페이지 게시판이나 필자의 이메일에는 여러 가지 질문들이 올라오는데, 그 중 대표적인 질문 중의 하나가 어떠한 방식으로 공권유술을 훈련하는가이다.

많은 사람들이 공권유술은 매우 과격한 무술이고, 그로 인하여 부상의 우려가 높다고 생각하는 경향이 있는 것 같다. 왜냐하면 공권유술은 현대무술로서 실전성을 강조하고, 무도적인 정신과 정통성을 잃지 않으려고 노력하기 때문에 상당히 거칠고 엄격한 훈련을 한다고 믿기 때문이다.

또한 대중에는 공권유술을 "주먹공장이다! 싸움만을 전문적으로 가리키는 싸움꾼 양성소이다!"라고 말하거나, "공권유술 3개월만 하면 다른 무술 10년 배운 것보다 낫다!"는 등, 싸움에 대한 여러 가지 소문들이 난무하다. 이러한 소문은 대부분 인터넷에 의해 퍼졌고, 그렇게 믿는 사람들이 있다는 것이 놀랍기도 하다.

이러한 이유는 아마도 필자가 낸 저서에 의해서 생겨난 오해인 듯싶다.

책의 제목에서 알 수 있듯이 '싸움에서 무조건 이기는 방법', '싸움의 법칙', '싸움 잘하는 놈의 비밀노트' 등과 같이 싸움에 대한 내용의 책을 많이 저술한 때문인 것 같다. 더욱이 그러한 책들은 대단히 히트를 치며, 인기를 끌고 있다.

얼마 전 인터넷과 TV방송으로 활발한 활동을 하는 '류운 김기태 기자'가 공

권유술도장을 방문한 적이 있었다. 여러 가지 이야기를 하던 중 필자가 저술한 책에 대한 말이 나왔는데,

"지나가는 중·고등학생을 불러 가방 조사를 하면 두 명 중 한 명의 가방에서는 내가 집필한 싸움 관련서적이 들어있을 겁니다!" 라고 농담을 해서 웃은 적이 있다.

분명히 공권유술은 실전을 바탕으로 프로그램 되어 있는 시스템을 가지고 있으며, 그러한 바탕에서 모든 훈련을 해 나간다. 하지만 싸움만을 위한 수련을 하지는 않는다.

어느 날, 8시 수련을 마치고 9시 수련에 막 들어가려는데, 수련생 하나가 나에게 뜬금없이 물었다.

"관장님!"

"왜 부르냐~?"

"궁금한 게 하나 있는데요... 뭐 하나만 물어봐도 되나요??"

"그래! 꼭! 하나만 물어봐라!"

"절권도의 창시자인 이소룡하고 관장님이랑 맞짱 뜨면 누가 이겨요?"

"뭐........? 이런 미친 놈이.... 이소룡이 죽은지가 언제인데 죽은 귀신하고 싸움을 붙일라고 그래!" 라고 꿀밤과 함께 대꾸는 해주었지만... 요사이 10대의 수련생들이 이상한 질문을 마구 해댄다.

이상해서 그 질문의 근원지를 조사해 보았더니 이름만 대면 누구나 알 수 있는 인터넷 포털 사이트의 지식 정보를 제공하는 코너에 올라온 질문들이었다.

수련생들이 그것을 보고 사실인가 아닌가를 확인해 보려고 했다는 것을 알게 되었다.

더욱 희한한 일은 공권유술에 대한 이상한 질문에 누군가가 답변을 정성껏 달아놓았다는 것이다.

그 답변들을 찬찬히 살펴보니, 대부분 엉터리이고 자신의 생각을 마치 사실인 양 적어 놓은 것이 많았다. 그런데 문제는 그것을 믿는 사람들이 생각보다 많다는 것이다.

한편으론 걱정도 되고 웃음도 나지만, 공권유술에 대한 관심과 애정이 있기 때문에 생긴 현상이라고 생각한다.

인터넷 이야기가 나왔으니까, 황당한 에피소드를 하나 소개하고자 한다.

얼마 전, 이름만 대면 누구나 알 수 있는 무술카페에서 원숭이가 도복을 입고 발차기를 하는 동영상을 본 적이 있었다. 이놈이 얼마나 기술이 좋냐 하면, 공중 돌려차기를 서슴없이 해대고, 뒤에서 껴안았을 때 발등을 콱! 밟고 빠져나오는 호신술을 거침없이 하는 것이었다. 얼마나 웃기던지, 혼자서 킬킬대며 보고 있는데, 채팅 신청이 들어왔다.

몇 번을 망설이다가 채팅 신청에 응해 주었다.

그가 먼저 말을 걸었다.

"안녕하세요?"

"네..."

"어디 사세요?"

"서울에 삽니다!"

"저도 서울에 사는데요.... 요새 격투기 도장을 다닐라고 하는데..., 어떤 게 좋을까요?

"글쎄요.... 본인이 하고 싶은 것을 해야 하겠죠? 집하고 가까운 곳을 알아보시죠? 그럼 전 이만...."

서둘러 채팅을 마치고 다 보지 못한 원숭이 동영상을 계속해서 보려고 하는데, 그가 계속 말을 이어 나갔다. "잠깐만요.... 제 생각에는 극진공수도나 공권유술 중 하나를 선택해서 다니려고 하는데, 어떻게 생각하세요?"

"네? 공권유술요? 흐흐... 좋죠. 그걸로 하시죠 뭐..., 제 생각에는 그게 괜찮을 것 같네요."

"아~! 그래요? 혹시... 공권유술을 하고 계시나요?"

"네~! 열심히 하고 있습니다~!"

"얼마나 하셨어요?"

"글쎄요.... 어쨌든 상당히 오래 한 편인데요?"

"그럼 강준 관장님도 알고 계시겠네요? ^^"

"예! 그럼요. ^^ 제가 강준 관장입니다! ^^;"

"............"

"?"

"......, --;"

"......, 왜요?"

"미이치인노마...!"

"네?"

"야아! 이... 미이친 세에에끼이야!"

"......?, 왜? 욕을 하고 그러십니까?"

"이 노미 누굴 놀리나...? 니가 강준이면 나는 최배달이다. 시키야!"

"어? 내가 강준인데...?"

"뭐? 이게 어따대고 뻥구라를 치고 지랄이야.... 나이쌀이나 X먹은 것 같은데.... 인간답게 살아라~! 에이 재수 없어~!"

"......?"

그 날 나는 본 적도, 말 한마디 주고받지도 않은 어린 학생에게 완전히 작살이 났었다.

웃어넘길 에피소드이긴 하지만, 이렇듯 인터넷이라는 곳이 불신을 조장하고 서로에게 신뢰를 줄 수 없는 공간이 되어 가는 듯한 느낌이 들어 한편으로는 씁쓸하기도 하다.

많은 사람들이 공권유술 훈련을 어떻게 하는지 궁금해 한다. 정말로 싸움을 기똥차게 잘 하는 방법을 가르치는지에 대한 궁금증과 일바나 상산 상노로 훈련을 하며, 어떤 종류의 기술을 수련하는지에 대한 문의사항이 많은 관계로, 그러한 의문을 풀어 드리고자 공권유술체육관에서 실시되는 훈련 몇 가지를 소개하고자 한다.

공권유술 수련관의 슬로건은....
1. 절대 안전을 기본으로 수련을 한다(부상 위험 0%를 지향한다).
2. 재미있는 무술훈련이 가장 중요한 기본이다(건강에도 좋고 자신의 몸을 지키는 호신도 좋지만, 재미가 없으면 아무 소용이 없는 법! 그러므로 일반인들이 흥미를 가질 수 있는 프로그램 위주로 훈련을 하게 된다).
3. "空拳人은 한 家族입니다"라는 관훈 아래 가족적인 분위기에서 서로에 대한 예를 지켜가며 하는 무도 수련을 원칙으로 한다. 그럼 지금부터 2007년 8월의 4일 한여름에 실시했던 협회수련관 훈련장면을 살펴보자!

1. 워밍업: 일반적으로 앞에서 사범이 지도를 하고, 나머지 수련생들은 줄을 맞추어서 동작을 따라하는 형태가 보편적이다. 몸 풀기의 경우, 몸을 따뜻하게 하는 관절운동과 스트레칭을 먼저하고 간단한 발차기와 손을 사용하여 상대를 타격하는 수기 동작을 준비운동에 포함시켜 수련한다.

2. 기본 바닥기: 와술(그래플링)에 필요한 기본적인 바닥기를 훈련한다. 사실 이러한 몸놀림도 와술의 준비운동에 포함하게 되는데, 와술 대련에 있어서 빼놓아서는 안 될 중요한 스킬 중 한 가지이다. 종류로는 발 빼기, 몸 빼기, 거북이등 만들기, 앞·뒤 구르기, 배밀기 등이 있으며, 기본 바닥기는 유술(주짓수) 기술을 한층 업그레이드 시키게 된다.

3. 타격스파링: 미트치기와 스파링 테크닉 훈련 등과 같은 전술훈련을 마치고 즐거운 스파링을 시작한다. 실력은 급상승 시키고 부상의 위험이 전혀 없는 프로그램과 훈련방법으로 남녀노소 누구나 즐기며 수련할 수 있다.
 따라서 모두들 스파링 하는 걸 원한다. 표정에서 알 수 있듯이 한마디로 행복한 스파링이다.

4. 와술: 와술은 혼자서는 수련을 할 수가 없으며, 반드시 파트너가 필요한 기술이다. 그러므로 나의 훈련 상대가 되어준 상대에게 언제나 감사함을 잊지 말아야 한다.

또한 훈련을 하기 전과 하고 난 후에는 언제나 예로서 상대를 대한다. 역시 감사의 표현이다. 위의 그림에서는 필자가 유리한 포지션 잡기를 손쉽게 할 수 있는 방법에 대해서 지도하고 있다. 와술은 포지션의 선점이 매우 중요하다. 왜냐하면 누워서 싸우는 파이팅의 경우 밑에 깔려 있는 것보다 상대의 위에 올라타고 있는 자세가 매우 유리하기 때문에, 서로 유리한 포지션을 차지하기 위해 노력하게 된다. 이러한 기법은 매우 과학적이고 정확한 기술에 입각하여 이루어지며, 지도 사범에게서 배울 수 있다.

5. 새로운 기술: 그동안 배우지 못했던 새로운 기술을 날마다 2개씩 지도 받는다. 내용은 관절을 꺾는 기술이나 상대를 기절시키는 조르기, 그리고 좋은 포지션을 선점하여 주먹을 날리는 펀치기술들을 배우게 되는데, 상대를 항상 배려하면서 기술연습을 하도록 유도한다. 그것은 자칫 수련 중에 일어날 수도 있는 일체의 부상을 없애기 위함이다.

6. 파트너와의 연습: 그 날 배운 기술을 자신의 파트너와 즐겁게 수련할 수 있다. 또한 새로운 기술을 배우기 전에, 예전에 배웠던 기술들을 복습하고 숙련하게 된다.

수련 중에 여러 가지 동작들을 자신의 파트너와 함께 상의하면서 더욱 정확하고 합리적인 자세로 만들어 나간다.

7. 세세한 부분의 교정: 지도사범은 수련생들이 연습 중 흔히 범하는 실수를 찾아내어 교정해 준다. 또한 잘못된 상황에서의 기술구사나 관절기에 필요한 정확한 각도로 수정해 주며, 이론적이고 원리적인 기술 강의를 듣게 된다.

8. 행복한 훈련: 와술 대련을 마친 수련생이 함박웃음을 짓고 있다.

와술이나 타격기의 기술들은 남녀노소 누구나 즐기면서 수련하는 시스템으로 프로그램 되어 있기 때문에, 같은 시간, 같은 장소에서 타격기, 메치기 그리고 와술 기법을 환상적으로 엮어서 수련할 수 있다.

9. 당일 수련에 대한 평가: 수련을 모두 마치면 묵상을 하고 수련에 대한 평가를 지도자가 하게 된다. 도장의 행사에 대한 안내나 궁금한 점을 함께 토론하고 상의한다.

10. 정권지르기: 공권유술은 무도이기 때문에 전통적인 무술기법을 많이 반영한다. 수련시간이 끝나거나 또는 시작하기 전에 정권단련이나 기타 여러 가지 신체 단련도구를 사용하여 단단한 몸을 만들어 나간다.

도장에서 왕따를 당하는 간단한 방법

생각보다 많은 사람들이 도장 안에서 올바른 행동을 하지 못해 알게 모르게 동료들로부터 미움을 받게 된다.

대체적으로 자신의 올바르지 못한 행동을 자각하지 못하며, 사소한 일들로 동료들의 질책을 받아도 깨닫지 못하고, 반복해서 잘못된 행동을 하는 경향이 있어, 도장에서 하지 말아야 할 행동 몇 가지를 소개하고자 한다.

혹시라도 자신이 왕따를 당하고 있다는 생각이 들거나, 사범님에게 버르장머리 없다는 말을 듣고 싶지 않다면 아래의 내용을 눈여겨 볼 일이다.

동료들의 미움을 받게 되는 경우의 대부분은, 지도자의 입장을 전혀 헤아리지 않고 선배들의 말을 귀담아 듣지 않으며, 동료 수련생들의 귀한 시간을 빼앗는 것에서부터 시작된다.

도장 안에서의 예절은 상호 간에 서로를 존중하고 타인을 배려하는 이타심에서 비롯된다. 예를 갖춘다는 것은 상대에 대한 배려를 의미하는데, 이것을 무시하게 되면 동료들로부터 미움을 받게 되는 것이다.

1. 대수롭지 않게 남의 장비에 마음대로 손을 댄다.

아주 잘못된 습관이지만, 본인은 잘 인식하지 못한다. 무술수련에 사용되는 장비는 본래 주인의 몸에 맞도록 길들여져 있다. 이것을 타인이 사용한다면 장비가 쉽게 훼손된다. 더욱이 자신과 타인의 땀이 섞이므로 불결해지기 마련이다. 누구든 자신의 물품에 남이 함부로 손대는 것을 좋아하는 사람은 없을 것이다. 지도자조차 제자의 물품을 함부로 다루거나 사용하지 않는다. 그럼에도 불구하고 얌체 같은 수련생들은 쉽게 남의 장비를 마치 자신의 것인 양 마구 사용하는데…, 이렇게 한다면 엉덩이를 냅다 걷어차일 수 있다.

생각해 보라! 어떤 기분일지?

2. 내 도복이니 내 맘대로....

 원칙적으로 자신의 장비와 도복은 도장에서 가장 필요한 물품이므로 소중하게 다루어야 한다. 본인 스스로 자신의 장비를 소중하게 생각하지 않는다면 타인도 당신의 장비와 도복을 함부로 다루게 되지 않겠는가?

 모든 수련생의 눈살을 찌푸리게 하는 최고의 수련생은, 도복으로 겨드랑이의 땀을 닦고 내일 가져다 빤다고 하면서, 사람들이 보는 앞에서 도복으로 먼지와 땀이 잔뜩 묻은 발을 닦기도 한다. 그리곤 어떤 냄새가 나는지 일부러 확인까지 한다. 인간적으로 무술을 수련할 자격이 없는 사람이라고 인식한다면 멋진 성공이다. 잘은 모르겠지만, 누군가는... 그 도복으로 입에 재갈을 물리고 싶은 심정이 들것으로 짐작된다. 그럼... 물어라!

3. 장비 착용 시 언제나 도장에서 가장 늦게 착용한다.

 얼마나 나쁜 수련태도인가? 남보다 늦게 착용하는 것을 부끄러운 일임을 자각해야 함에도 불구하고, 자신의 장비를 찾기 위해 이곳저곳을 헤집고 다니며 잡담을 하고, 많은 수련생들을 기다리게 한다면 충분히 왕따로 발돋움할 수 있을 것이다. 자신이 훈련시간을 다 잡아 먹는다는 것을 생각하지 못한다.

 자신이 보았을 때는 기껏 5분 정도 늦어서 별것 아니라고 생각되겠지만, 열 명이 기다리면 50분이 되고, 이십 명이 기다리면 100분이 된다. 민방위 훈련장에 나가보면 교육이 다 끝나고 집에 갈 때쯤 교육장에 들어서는 이들이 있는데, 이러한 부류들은 시간의 소중함을 모른다.

4. 후배에게 지는 것이 행복하다? 그리고 감정적으로 대련을 하는 것이 더 행복하다?

 후배에게 지고도 무엇이 그리도 좋은지 입이 귀까지 찢어지는 분들이 있다. 인자하고 성격 좋게 '하하하하', 연신 '싱글벙글'이다.
후배에게 지는 게 그렇게 행복할까? 절대 의아해 하지 않는다. 얼마나 뱃심 없어 보이고 좋은가?

그러나 또 이와는 반대로 후배에게 실력으로 밀리거나 부족하다고 생각되면 대련 시에 과격해지고 공포분위기를 조성하는 분들도 있다.

아주 치사한 선배라고 생각될 수 있다는 것에는 관심이 없다. 모든이를 오직 나를 이기려는 적으로 간주하고, 무지막지하게 공격을 하는 선배, 지구를 떠나가라!

5. 수련 중에 기합은 뭣 하러 넣나?

수련 중에 기합을 크게 넣는 행동은 지도자를 가장 기분 좋게 하는 행위이다. 지도자는 하늘을 날아가는 행복감에 빠져든다. 발차기가 조금 부족해도, 십자꺾기를 조금 못해도, 기합을 크게 넣는다면 행복 만땅이다. 발도 손도 놀라서 크게 움직인다. 더할 나위 없는 베스트 중의 베스트다.

하지만 우리의 왕따 선생.

"미쳤냐? 힘들게 기합을 크게 넣게. 기냥 대충..."

기합이 없다는 것은 수련을 거부한다는 뜻이며, 이것은 지도자를 모독하는 행위이다. 충분히 미움을 사고도 남는다.

6. 아무에게나 가르치려고 들면서 시범은 되도록 적게 한다.

공권유술은 배우는 무술이지 가르치는 무술이 아니다.

지도자가 아니라면 가르치려고 하지 말아야 한다. 제대로 가르쳐지지도 않고 배워지지도 않는다.

하지만 나서는 것을 좋아하는 수련생들이라면 열심히 가르쳐 보라!

옆에서 가만히 눈여겨보면 대부분 틀린 기술을 알려주면서 최고의 비급을 알려주는 것처럼 한다. 이들의 공통점은 시범을 보이기보다 대체적으로 말로만 가르치려한다는 데 문제가 있다. 역시 바람직하지 않은 행동으로 욕을 먹기 십상이다.

7. 수련 중 지도자 앞에서 잡담하거나 신나게 떠든다.

지도자를 가장 열 받게 하는 케이스 중의 하나다!

지도자가 한마디를 하면 열 마디를 한다. 아무리 부처 같은 지도자라도 당해낼 재간이 없다.

바닥에 철퍼덕 앉아서 어제 저녁 미스 김을 만난 이야기나 아침에 먹은 꽁치 꼬랑지가 무지하게 맛있었다는, 수련과는 아무 상관없는 이야기를 아주 진지하게 한다.

그로 인하여 지도자가 할 말을 잃게 만든다.

성인부 수련

명패 수여

어린이부 놀이시간

발차기 교정

6. 제4회 전국 공권유술 토너먼트

"공권유술의 시합규칙을 좀 바꿀 필요가 있다고 생각합니다아~!"

느닷없이 스파링을 하다말고 고개를 내쪽으로 돌리며 정중히 부탁한다.

이종격투기 체육관에서 3개월 운동하고, 공권유술로 전향한 공권유술 3일차의 생초보 수련생이 한 말이다.

'뭐라코 씨부리싼노.. 이노마가...?' 나도 모르게 튀어나오려는 말을 집어 삼켰다.

"왜?"

각설하고, 단도직입적으로 물었다....

"손가락이 아퍼요...!"

공권유술은 스파링이나 시합때 글러브를 착용하지 않고, 오로지 맨손으로 상대를 공격하고 방어해야 하는 규칙을 가지고 있다.

글러브를 착용하게 되면 무술적인 이미지 보다 스포츠적인 이미지가 강하다. 공권유술은 정통무술을 추구하기 때문에 무도적인 냄새를 좋아한다. 더욱이 글러브를 착용하게 되면 상대를 보호하는 의미도 있겠지만 자신의 손을 보호하는 의미가 사실상 더 크게 작용한다.

이것은 자신의 주먹을 단련하지 않는 계기가 된다. 그러므로 평소에 글러브를 착용한 습관에서 맨주먹으로 상대를 공격하게 되면 초보자의 경우 손가락에 부상을 당하는 경우가 많다.

평소 맨주먹으로 상대를 공격하는 테크닉을 수련하지 않았기 때문에 생기는 결과이다.

그런데... 지 손가락 아프지 말라고 시합의 룰을 바꾸라니... 미치지 않고서야 그런 말을 할 수 있다니... 나는 반문했다.

"당연히 처음에는 아프지.... 한 3개월 수련하면 주먹치는 법을 알게 되 그럼 안아퍼 걱정마러..."

그런데 이놈이 말문이 막혔는지, 이번에는 다른 주제를 꺼낸다.

"시합의 룰에 제약이 있다 보니 화끈한 맛이 덜 하네요..."

얼굴색 하나 변하지 않고 확실하게 말한다.

말뜻의 의미를 챙겨보니 상대의 얼굴을 때리고 싶은데 때리지 못하는 것이 안타깝다는 뜻이었다.

공권유술은 맨주먹을 사용하다보니, 손으로는 얼굴 이하로만 가격할 수 있게 룰로 이루어져있기 때문이다.

30여년을 무술에 정진해 왔고 오직... 공권유술 하나에만 10여년 이상을 연구해온 나에게 눈 하나 깜빡이지 않고 시합규칙을 바꾸라니...

이제 겨우 공권유술 이틀 하고 30분 정도 수련한 놈이 말이다.

"공권유술이 공권유술 다운 것은... 글러브를 착용하지 않고 맨주먹만을 사용하고, 초보자는 손가락이 아프고, 공권유술의 경기룰에 맞추어 연습하고... 그렇게 해서 공권유술이 공권유술 다운 것이다. 그렇치 않고 자네말대로 글러브끼고, 얼굴 가격하고, 도복벗고 링에서 핫팬츠 하나만 입고 시합하면 이종격투기지 그것이 공권유술인가? 처음 접해본 무술이기 때문에 어색하겠지만 맨손이 강철처럼 단련되어 굳은살이 베기고 잡기싸움에서 매치기로 넘어가는 원리를 숙지하고 와술에서 빠르게 상대를 제압하는 기술을 적응하게 되면 공권유술이 얼마나 무도다운 시합의 규칙으로 이루졌는지 이해할 수 있을 거네. 그리고 분명 공권유술을 사랑하게 될거야..."

초보자의 경우 자신의 생각이 절대적으로 맞다는 생각을 하는 경우가 많다. 그러므로 그것을 이해시키는 것이 중요하다. 어째든 그가 초보자인 관계로 간단하게 나마 공권유술의 룰에 대해서 설명을 해주었다.

대부분의 무술은 같은 원리의 기술을 사용하게 된다.
 예를 들어 칼을 사용하는 검도나 검술을 본다면... 짚단이나 대나무를 벨때 검의 유파와 종류를 떠나서 모두 똑같은 기법의 원리를 사용하여 베기를 하게 된다.
 이것은 타 무술의 베기를 흉내낸 것도 아니고 모방한 것도 아니다. 오랜경험과 연구로써 나타난 결과이다.
 그럼에도 불구하고, 그 많은 검술의 문파들이 각기 다른 시합의 룰로 경기를 치루는 것은 훈련의 방법과 시스템, 그리고 서로 다른 철학으로 자신의 무술을 수련하기 때문이다.
 맨손무술 또한 마찬가지이다.

어렸을 때부터 풀컨택 공수도만을 수련해온 선수가 어느날부터 주먹을 사용하지 못하게 하고 로우킥은 금지하는 룰로 시합을 변경하여 훈련한다면 몇 개월, 또는 몇 년 후에는 마치 태권도의 경기처럼 변하게 된다.

평생 태권도의 태자도 모르는 사람이라고 하더라도 말이다.

풀컨택 공수도가 공수도다운 것은 공수도의 시합으로 인하여서이다.

태권도 또한 태권도다운 것은 또한 태권도의 경기룰에 맞추어 훈련방법을 연구하기 때문이고 그렇게 프로그램 되어 있기 때문인 것이다.

그것으로 인하여 태권도는 세계가 인정하는 빠른 발차기를 만들어 낸 것이고, 공수도는 강한 파워를 양산해 낸 것이다.

많은 사람들이 공권유술 홈페이지를 방문하여 동영상을 감상하거나 인터넷 포털 사이트에 올라온 공권유술 시합 장면에 관심을 가진다. 이러한 동영상은 대단한 인기를 끌고 있다. 왜냐하면 공권유술 경기의 90%가 2분 안에 승부가 결정되어 지루하지 않고 박진감 넘치도록 심판이 유도를 한다. 더욱이 선수들이 환상적인 기술을 마음대로 구사할 수 있도록 잔기술을 사용하면 낮은 점수를 주어 되도록 크고 화려한 기술로 상대를 제압하는 것이 유리하도록 규칙을 만들어 놓았기 때문이다.

이것은 오히려 선수들이 안전한 시합을 할 수 있도록 유도할 수 있으며, 관중들은 공권유술의 기술에 박수를 보내게 된다.

아직까지도 많은 사람들이 공권유술의 경기규칙에 대한 정보를 잘못 이해하는 경우가 많아 이해를 돕고자 2006년에 열렸던 공권유술대회의 상황과 공권유술의 경기 규칙을 소개한다.

제4회 전국 공권유술 토너먼트

11월 26일 일요일 오후 1시부터 2006년의 마지막을 알리는 공권유술계의 최대 축제인 제4회 전국 블랙벨트 패왕전이 열렸다.

이 날은 회장기배 유급자 호신왕전도 함께 열렸는데, 이 대회는 블랙벨트는 참가할 수 없고, 하얀 띠를 포함한 칼라 벨트만이 참가해서 서로의 실력을 겨루도록 되어 있다.

호신왕전과 패왕전의 경기는 총 38개의 경기로 이루어지며, 호신왕전 2체급과 패왕전 2체급의 왕좌를 가려 각각의 체급에서 공권유술 최고 고수를 가리는 시합 방식으로 이루어진다.

역시 이날의 명승부전은 -70kg에서 우승한 서울협회 수련관의 최현성(3단)선수와 +70kg에서 우승한 석촌 도장의 최병규(4단) 관장의 패왕 쟁탈전이었다.

3분 2회전으로 이루어지는 이 경기는, 결정승이 될 때까지 계속해서 싸워야 되는 룰로 되어 있다.

숨 막히는 긴장감 속에, 1회전에서 2판을 모두 절반으로 먼저 빼앗은 서울협회의 최현성 3단이 유리한 고지를 먼저 점령하여 눈앞의 승리를 서버쉬는 듯하였다. 그러나 2회전에서 종료 4초를 남겨놓고 최병규 관장의 좌식 십자꺾기에서 가로누워 십자꺾기로 이어지는 연속기에 결정승을 빼앗기면서, 최현성 3단이 고배를 마시게 되었다.

석촌 도장의 최병규 4단은 극적인 역전승을 거두며, 1회(서울협회) 허창회2단, 2회(군산지부) 김형민 4단, 3회(서울협회) 김준호 2단에 이어서 4회 패왕위를 차지하게 되었다.

가장 큰 관심으로 주목받았던 전년도 +70kg우승자인 서울협회의 채승협 3단과 최병규 4단의 체급별 결승전에서, 채승협 3단은 어깨 부상에도 불구하고 선전하여 한판을 먼저 빼앗았으나, 최병규 4단의 가로누워 십자꺾기에 결정승을 넘기며, 패왕위 도전을 2007년으로 미루었다.

채승협 선수의 악재는 여기에서 그치지 않았다.

2006년 예선에서 탈락한 원주지부의 이윤준 선수가 2007년에 혜성처럼 등장한다. 예선전 첫 번째 경기에서 채승협은 이윤준 선수의 공중무릎차기에 걸려 코뼈가 부서지는 중상을 입게 된다. 안타깝지만 또 다시 다음 해로 패왕위 타이틀 도전을 미루어야 했다. 사실 이윤준 선수는 제 2회 호신왕전에서 우승을 했던 경력이 있었으나, 그 이후 슬럼프에 빠져 좋은 성적을 내지 못하고 있었다. 이듬해인 2007년에 들어서부터는 각종 시합에서 승승장구를 하고 있다.

아직까지 공권유술 블랙벨트 패왕전에서 2년 연속 패왕위의 타이틀을 지킨 선수가 없다는 점에서, 공권유술계는 스타 플레이어 부재 현상이 나타나고 있다. 이윤준 선수가 군에 입대하고, 패왕위 타이틀이 공석으로 남아 있기 때문에, 2008년 패왕위의 주인공은 더욱 오리무중으로, 혼선을 빚을 것으로 예상된다.

유급자 호신왕전에서 호신왕에 오른 군산지부의 이우철 5급(파란띠)은 서울협회의 서정우 1급을 맞이하여 가로누워 십자꺾기 결정승으로 호신왕위에 올랐고, 군산 지부장인 김형민 관장은 3회에 걸쳐 제자들을 모두 호신왕을 만들어 내며, 호신왕 제조기라는 닉네임을 얻게 되었다.

귀추가 주목되었던 포항지부의 김시현 관장과 경주지부의 권혁하 관장은 적지 않은 나이임에도 현역 선수로 복귀하여 패왕전 각 체급의 결승 토너먼트에 와일드카드로 올라왔으나, 체력의 한계를 극복하지 못하고 모두 패하고 말았다.

이 날 시상식에서, 원주 지부장 전찬준 관장, 군산 지부장 김형민 관장, 포항 지부장 김시현 관장, 성결대학 공권유술 동아리 정인범 사범은 공권유술의 발전에 기여한 바를 인정받아 공로패를 받았다.

전국 회장기배 공권유술 호신왕전

호신왕: (군산지부)이우철

+70kg
1위 이우철 –군산지부
2위 윤태영 –서울협회
3위 김진규 –성결대학교

–70kg
1위 서정우 –서울협회
2위 최순길 –경주지부
3위 양민호 –성결대학교

전국 공권유술 블랙벨트 패왕전

패왕위: (석촌도장) 최병규 4단

+70kg
1위 최병규 –석촌도장
2위 채승협 –서울협회
3위 김봉준 –서울협회
4위 이근만 –서울협회

–70kg
1위 최현성 –서울협회
2위 고영철 –원주지부
3위 황원구 –원주지부
4위 함정민 –서울협회

기술상

경주지부 –권혁하

투혼상

성결대학교 –조영규

와일드카드로 결승에 진출한 권혁하 선수와 42세의 최현성 선수의 폭풍전야

잡기싸움(40대의 투혼)

2006년 패왕위 타이틀을 차지한 최병규(4단) 선수

완벽한 기술을 구사하는 최병규 선수의 입식 십자꺾기

가로누워 십자꺾기로 마무리하여 결정승을 얻어낸다.

이윤준 선수 VS 김봉준 선수의 대결에서 메치기를 특기로 하고 있는 김봉준 선수가 승리를 얻어냈다.

김봉준 선수의 그림 같은 한팔 업어치기

이윤준 선수의 무릎차기가 작렬하고 있다. 이윤준 선수는 2006년 패왕전에서 예선탈락을 하였으나, 그 후 와신상담[臥薪嘗膽]하여 다음대회인 2007년에는 패왕전 준결승에서 전년도 패왕인 최병규 선수를 물리치고, 서울협회 수련관의 신규태 3단과의 결승전에서 승리하여 패왕위에 등극하게 된다.

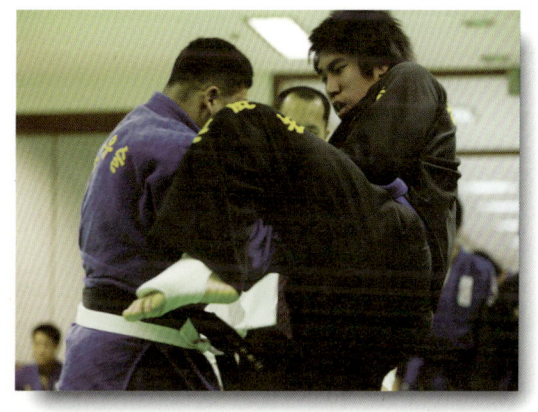

혈투

호신왕전 예선전

서정우 선수가 안뒤축후리기를 성공시키고 있다.

이날 서울협회수련관의 서정우 선수가 분발하여 -70kg에서 유급자 호신왕전 우승을 차지한다.

2005년도 패왕전 75kg에서 우승을 차지한 채승협 선수가 이근만 선수를 맞이하여 강력한 오른발 상단으로 한판승을 얻어낸다.

허벅다리후리기 직전

환상적인 타이밍으로 나오는 발차기를 성공시켜 김봉준 선수가 절반을 먼저 획득한다.

잡기싸움을 하려는 김봉준 선수를 앞차기로 견제하며, 노련한 경기운영을 해 나가는 최병규 선수.

업어치기에 실패하자, 바로 찬스를 살려 거북이자세에서의 맨손조르기를 구사한다. 결국 이 경기에서 최병규 선수가 한판승으로 승리.

함정민 선수의 삼각구 조르기! 거의 다 들어가서 결정이 나는 듯 했는데....

첫 경기에서 아깝게 역십자꺾기로 역전패.... 예선 탈락...

최강의 라이벌전
이윤준 VS 이우철.
치열한 눈싸움!

시작소리와 함께 이윤준 선수의 원투 스트레이트가 안면에 작렬하고, 그로기에 빠진 이우철 선수... 경기시작 1분 30초 만에 이윤준 선수의 결정승.

호신왕전 +70kg결승전에서 군산지부 이우철 선수의 강력한 정권지르기.

가로누워 십자꺾기,
채승협 선수와의 경기에서...
최병규 선수 결정승.

내가 지다니....

심판 말 잘 들어....

도대체 팔이 어떻게 된 거야?

강력한 뒷차기.
휴~ 하마터면....

발목 비틀기

괴롭다..., 그리고 아프다....

제4회 블랙벨트 패왕전, 그리고
제3회 호신왕전 폐막~!

호신왕 시상

협회장의 공로패 수여

공권유술 시합규정

- 공권유술 시합 규정 매트가 깔려 있거나, 메치기를 할 때 부상의 위험이 적은 장소에서 시합한다.
- 각 심판들은 박진감 넘치는 시합을 유도한다.
- 시합에서 선수는 반드시 2보, 또는 3보 정도의 일정한 간격을 유지해야 하며, 이 간격을 지속적으로 깨뜨리게 되면 경고를 받게 된다.

시간 : 3분 경기, 만약 무승부가 나온다면 2분의 연장전 경기를 더 가질 수 있다. 만약 연장전 경기에서도 무승부가 나온다면 판정으로 승패를 가린다.

- 승패: A.결정 B.한판 C.절반(3판 양승제, 그러나 결정승은 바로 경기가 끝난다)

-결정승에 해당하는 경우(시간에 관계없이 단판으로 경기가 종료)-

- 발차기로 인하여 상대가 다운 당했을 때(무릎 이상이 지면에 닿을 경우 다운으로 간주한다) 전신을 공격할 수 있다.
- 수기로 인하여 상대가 타격을 입고 등을 돌리거나 싸울 의사가 없음을 표시할 때.
- 입식에서는 팔꿈치로 상대의 몸통만을 가격할 수 있다(어떠한 경우라도 손으로는 얼굴을 직접 가격할 수 없다).
- 꺾기나 조르기로 상대가 항복했을 때(바닥을 2번 이상 두드리거나, 기권 신호를 보내면 기권으로 간주한다).
- 모든 하체관절기가 허용되지만, 발목을 비틀어 꺾는 기술은 금지 기술이다.

- 서 있는 상태에서 호신술이나 입식 관절기를 구사하여 메치기에 성공했을 때.
- 다음의 경우에는 부상 방지를 위하여 심판이 임의로 결정승을 선언할 수 있다.

a. 상대가 조르기에 걸려 기절했을 때
b. 팔이 꺾여 탈골의 위험이 있거나 탈골되었을 때
c. 상대가 부상으로 시합을 하지 못할 경우
d. 상대 선수의 기권이나 반칙의 경우

한판에 해당하는 경우
(한판이 2회일 경우 결정으로 간주되며, 경기가 끝난다)

- 발의 타격으로 상대가 그로기 상태에 빠졌을 때
- 발의 타격으로 상대의 안면을 정확히 타격했을 때(발차기의 강도와는 관계없음)
- 업어치기, 허리후리기, 허벅다리후리기와 같은 허리기술이나 상위의 기술을 사용하여 상대의 두 다리가 완전히 공중에 떠 있는 상태를 만들고, 상대의 등이 완전히 바닥에 닿았을 때(예 - 큰 동작의 메치기로써 유도의 한판승과 같음)
- 손의 타격으로 상대가 심한 데미지를 입었을 때
- 하단돌려차기를 사용하여 상대를 넘어뜨렸을 때
- 방족술 - 발차기 공격을 하는 상대의 발을 잡아 매치기를 할 때, 커다란 동작으로 상대를 메치면서 상대의 가랑이 안으로 들어가지 않을 때

절반에 해당하는 경우(절반이 2회일 경우 한판에 해당된다)

- 연속적인 수기 콤비네이션이 4회 이상 정확히 들어갔을 때
- 밧다리나 안다리후리기 같은 발기술을 사용하여 크게 메쳤을 때(유도의 한판과 같음)
- 방족술 -발차기 공격을 하는 상대의 발을 잡아 매치기를 할 때, 가랑이 자세에서 상대와 같이 넘어지지 않으면 절반
- 상대를 넘긴 후, 손도메 방식으로 상대의 안면에 2회 이상 정확히 타격해서

포인트를 얻었을 때
- 누르기에서 주먹 공격으로 상대의 몸통을 지속적으로 가격함에도 불구하고 밑에 깔린 수비자가 어떠한 저항도 없이 펀치를 계속해서 허용할 경우, 심판은 시합을 중지시키고 절반을 선언한다.

경기의 규정

1. 태클 기술은 어떠한 동작이라도 점수를 얻을 수 없다. 하지만 태클 동작에서 상대를 들어서 메쳤을 경우, 한판이나 절반의 점수를 얻을 수는 있다(무의미하게 태클을 구사할 경우 주의나 경고를 받게 된다).
2. 와술에서 발이나 무릎으로의 타격을 금지하며, 손으로 하는 몸통이나 다리의 타격은 허용한다.
3. 와술에서 서로 간에 공방이 없고 경기가 지체되면 '그쳐'를 선언하고, 다시 입식으로 시합을 재개시킨다(심판은 와술 공방에서 가랑이 자세(가드 포지션)가 20초 이상 지속되면 '그쳐'를 선언하게 되며, 20초 이상 넘기지 않는 것을 원칙으로 한다. 또한 장외의 경우 '돈트무브'를 선언하지 않으며, 경우에 따라서는 바로 입식에서 경기를 재개한다).
4. 메치기에서 와술로 이어져 한판 또는 절반을 획득했을 경우, '그쳐'의 선언이나 선수들의 멈춤 없이 계속해서 경기가 이어져 결정이 될 때까지 연속경기를 할 수 있다.
5. 넘어진 상대에게 발차기나 무릎차기를 할 수 없다.
6. 마우스피스. 샅보대 등의 안전장비를 반드시 착용해야 하며, 경우에 따라서는 인신가드를 착용할 수 있다.
7. 상대를 메치기 직전, 상대의 두 발이 공격자의 가랑이 자세를 만든다면 한판의 기술이라도 무효로 처리한다(가드포지션).

판정 : 주심 1, 부심 2

- 주심
1. 경기를 이끌어가는 심판으로서, 선수의 기술에 대한 유효기술 판정을 주도한다.
2. 한판, 절반을 선언할 수 있으며, 선수의 부상 보호차원에서 경기를 중지시킬 수 있다.
3. 기량의 차이가 현저히 날 때에는 결정승을 선언할 권한을 가진다.

- 부심
1. 주심의 경기를 보조하며, 한 경기에 2인의 부심이 들어간다.
2. 유효기술을 체크함과 동시에 깃발을 들어 유효기술을 확인하여 판정에 반영한다.
3. 만약 주심의 오판으로 절반이나 한판이 되지 않음에도 불구하고 절반이나 한판이 선언되어 경기가 계속될 경우, 깃발을 흔들어 무효를 선언할 수 있으며, 판정을 수정할 수 있다. 또한 경기의 중지를 신청하여 주심과 2인의 부심이 판정을 합의하고 재경기를 가질 수 있다. 경기 중지 신청을 할 때에는 두 명의 선수가 서로 유리함이나 불리함이 없을 때, 또는 경기가 지연될 때 해야 한다.

- 반칙(주의 또는 경고)
1. 손으로 얼굴을 가격하는 모든 행위는 반칙으로 한다. 펀치의 가격으로 인한 충격으로 경기의 속행이 불가능할 때 반칙패를 선언한다. 또한 강도가 약할 때에는 경고에 해당하는 점수로 감점한다. 만약 고의성이 보이는 경우에는 상벌위원회에서 처리한다.
2. 낭심이나 척추를 가격하는 행위
3. 물거나 꼬집는 행위
4. 심판의 판정에 불복하거나 매너 없는 행위
5. 경기를 지연시키거나 상대의 공격을 회피하기만 하는 행위

6. 손가락으로 눈을 찌르는 행위
7. 조르기를 시도할 때 정확히 목의 부위에 들어가지 않고 팔뚝으로 안면을 눌러 고통을 주는 행위
8. 상대의 공격을 수비하기 위하여 스스로 눕는 행위 또는 상대를 잡고 눕는 행위, 또는 직접적으로 와술로 가기위하여 스스로 가랑이 자세(가드포지션)를 만드는 행위
9. 입식에서 발로 상대의 무릎만을 차서 공격하는 경우
10. 상대가 항복을 선언했음에도 불구하고 계속해서 공격하는 행위(비신사적 행위로 몰수 패를 당할 수 있다)
11. 넘어져 있는 상대를 발로 차거나 밟는 행위
12. 상대를 잡고 여러 번의 타격을 하는 경우
13. 상대의 공격을 피하기 위하여 뒤로 계속해서 물러나는 행위
14. 상대의 다리를 들어 올리고, 과도하게 목을 바닥으로 구부러지게 해서 지체시켜 부상을 유발하는 행위
15. 와술에서 상대를 들어 올려 바닥으로 메치는 행위
16. 상대의 발목을 비틀어 꺾는 기술을 구사하는 행위
17. 와술로 가기 위하여 스스로 눕는 행위
18. 와술로 가기 위한 위장공격(배대뒤치기, 가드포지션만들기, 공중에서 발 삼각구 조르기 등등…, 정확한 기술이 아닌 위장공격)

잡기에 의한 규칙

A. 한쪽 손으로 상대의 도복 깃을 잡고 타격할 수 없다. 만약 상대를 연속 타격할 시 두 손이 상대의 신체에 접촉해서는 안 된다.
B. 메치기를 하기 위해서 두 손을 사용하여 상대의 옷을 잡았을 경우, 메치기가 실패했을 때에 타격으로 전환하기 위해서는 상대의 신체에서 두 손을 떼고 떨어진 상태에서 공격할 수 있다.

C. 상대를 잡고 타격할 시에는 1회의 타격만 유효하다. 무릎차기, 발차기, 팔굽치기, 주먹치기 등.

- 시합이 끝난 후에, 판정으로 승패를 가리게 되는 경우에는 경기의 특성상 타격을 많이 한 선수에게 비중을 두어 채점한다.

7. 맞추지 못하면 개미도 못 죽인다.

　모든 무술에서 가장 기본이 되는 것은 방어와 공격이다. 특히 공권유술에서는 공격에 더 많은 비중을 두어 연습에 임하고 있다.
　이러한 공격적인 기술 연습이 실전에 더욱 효과적이며, 공격적인 무술을 구사해야지만 승리하는데 있어서 매우 유리하기 때문이다.
　따라서 펀치의 테크닉이나 킥, 그리고 메치기나 와술기법 같은 전반적인 공격 기법을 익히는데 집중해야 한다.
　수련생을 지도하다보면 한 가지 특이한 점을 발견할 수 있는데, 일반적으로 흔히 말하는 연습용 수련생과 시합용 수련생으로 구분된다는 것이다.
　말 그대로 연습용 수련생은 평소 자신이 가지고 있는 모든 기량을 발휘하여 도장 내에서 많은 관원들에게 인정을 받는다. 폼도 멋있고 펀치력과 킥의 파워가 월등하며, 테크닉 또한 훌륭하다. 그러나 시합에만 나가면 항상 깨지는 케이스가 있다. 하지만 이와는 반대로, 시합용 수련생은 평소 연습 때는 도저히 발차기라고 볼 수 없는 이른바 개(犬)발과 얼토당토하지 않은 마구잡이 주먹, 그리고 대부분의 자세 또한 역시 매우 허접해 보이기 일쑤이다. 단지, 체력적인 요소가 뛰어나다는 것 빼고는 지도자가 보기에도 당최 못 마땅하다. 그럼에도 불구하고, 시합에만 출전하면 승리를 안겨주는 묘한 상황이 자주 발생한다.
　왜? 이런 현상이 일어나는 것일까?
　순전히 재수가 좋아서? 아니면 대진[對陣]운이 좋아서? 또는 누구라도 이길 수 있는 상대와 시합을 해서? 그것도 아니라면 상대 선수의 컨디션이 나빠서? 하지만 남이 인정하든 인정하지 않든, 선수가 시합에서 이기는 것은 운도 아니요 요행도 아닌, 순전한 당사자의 실력에 의해서라고 말하고 싶다.

옛날이야기 하나만 하자!

옛날에 머리가 나쁜 천하장사가 있었다.

그 힘이 어찌나 세던지, 나무를 뿌리 채 뽑고 황소를 단매에 때려죽인다. 하지만 이놈이 술만 먹으면 행패를 부리고 사람을 못살게 해서 사람들은 이 바보 천하장사를 모두들 두려워했다.

어느 날 길을 지나가던 바보 천하장사가 어린아이와 길에서 마주쳤는데, 어린아이가 길을 비켜주지 않는 것이었다. 어린아이가 길을 비켜주지 않자, 바보 천하장사가 길을 비키라고 호통을 친다. 하지만 어린아이는 땅 위를 기어가는 개미를 쳐다보고만 있을 뿐, 길을 비켜주지 않았다.

그 모습에 화가 난 천하장사가 커다란 주먹으로 개미를 후려쳤다. 그러나 땅바닥만 깊게 패일 뿐 개미는 아무 일도 없었다는 듯 유유히 기어간다. 이에 더욱 화가 난 천하장사는 그 개미를 커다란 바위 위에 올려놓고 다시 후려친다.

꽝~! 뿌연 먼지와 함께 커다란 바위가 산산 조각이 나고, 파편이 사방으로 튀었다. 먼지가 가시고 바위 밑을 보니, 역시 개미가 '꼼지락'거리며 자기 갈 길을 찾아 열심히 기어가고 있다.

그것을 지켜보고 있던 꼬마가 손가락으로 개미를 꾸욱~! 눌러 죽이며 하는 말.

"개미새끼 한 마리도 못 죽이는 아저씨가 다 있네...."

내가 이 이야기를 꺼낸 것은 힘의 논리와 기술적인 논리를 떠나서, '상대가 맞아주지 않으면 이길 수 없다!' 라는 것을 말하고 싶은 것이다.

평소 샌드백을 장구 두드리듯 두드리고, 멋진 발차기로 연습에 충실하며, 무술의 품새와 형(形)에 최선을 다했다고 하더라도 실전에서 오는 여러 가지 기본전략이나 타이밍, 그리고 충분한 경험에서 우러난 기술을 습득하지 못한다면, 상대가 당신의 펀치에 쉽게 맞아주지 않는다.

또 상대를 타격하거나 다른 어떤 방법을 사용하여 데미지를 가중시키기 위해서는 부분적인 전략과 기술이 필요하다. 이것은 단순히 펀치력이 세다거나 좋은 폼을 유지하는데서 나오는 겉모습과는 확연히 다르다.

그렇다면 어떻게 해야 타격의 적중률을 높일 수 있을까?

우선 상대를 공격하기 위해서는 가장 기본적인 간합(間合)의 기법을 이해하고 숙지해야 한다.

간합(間合)이란?

쉽게 말한다면, 나와 상대간의 대적거리라고 볼 수 있다.

예를 들면....

권투선수가 주먹을 최대한으로 뻗을 때, 팔의 길이로 인하여 상대가 그것에 영향을 받는다면, 그것은 간(間)이 될 것이고, 얼마나 주먹을 빨리 뻗을 수 있을 것인가?라는 것은 합(合)이라고 이해하면 좋을 것 같다. 즉, '間'은 공간적, '合'은 시간적인 것을 의미하게 되는 것이다. 흔히, 간(間)과 합(合)을 적절히 사용할 줄 알면 누구나 무술의 고수가 된다고 말하는데, 틀린 말이 아니다.

앞서 이야기 한 바와 같이 엉성한 개(犬)발차기이지만, 시합에서 승승장구하는 선수나 손가락으로 개미를 눌러 죽인 어린아이를 생각해보면 이해가 될 것이다. 만약 당신이 나에게 '좋은 간합(間合)이란 무엇입니까?' 라고 묻는다면, 나는 이렇게 말할 것이다.

"상대는 나에게서 멀게, 나는 상대에게서 가깝게!"

매우 당연하고 교과서적인 답변이며, 비교적 정답에 가깝지만, 이 말을 잘못 이해하면 격투기에 문외한인 초보자에게는 궤변으로 들릴 수도 있을 것이다. 왜냐하면 상대가 나에게서 멀리 떨어지면 나 또한 상대를 공격하기 어려울 것이고, 상대가 나에게 가깝게 있으면 상대 또한 당신을 쉽게 공격할 수 있기 때문이다.

어렵지 않게, 쉽게 풀이해 보도록 하겠다.

당신이 길거리에서 불량배와 시비가 붙어서 싸움을 하게 되었다고 가정해보자! 이러한 상황에서는 "한방의 거리"를 생각해야 한다.

필자가 말하는 한방의 거리란? 첫째, 뻗는 한방의 펀치가 미치는 두 사람 사이의 간격을 말하는 것이다.

싸움이 일어나기 전 일정한 거리가 유지될 것이고, 이러한 간격에서 내가 한 발 앞으로 나가면서 주먹을 뻗으면 상대의 안면을 때릴 수 있는 거리가 된다. 만약 한 발 뒤로 물러선다면 상대는 나를 때릴 수 없는 거리가 된다. 결국 한방의 거리는 공격과 수비가 일어날 수 있는 간격을 말하는 것이다. 또, 이러한 간격을 간합이라고 이해하면 된다.

간합의 조절 감각이 뛰어난 사람은 무술의 고수가 될 확률이 높은 것이고, 개발이라도 시합에만 나가면 승리를 할 수 있는 유리함이 있는 것이다.

1. 간합의 거리를 계산하기

일반인들은 주먹으로 상대를 때릴 때, 어느 정도의 거리에서 주먹을 뻗어야 상대의 코에서 코피를 흘리게 할 수 있는가를 심각하게 고려해 보지 않았을 것이다. 심지어는 왕년에 무술 꽤나 했다는 양반들도 자기 펀치의 사정거리를 전혀 모르고 있는 경우가 허다하다.

혹시 길거리에서 벌어진 막 싸움을 본 적이 있는가? 누구나 한 번쯤은 어수선한 시장골목에서 멱살잡이를 하거나 큰소리로 실랑이를 벌이는 장면을 목격한 적이 있을 것이다. 가끔 주먹을 휘두르는 사람이 있긴 하지만, 그들의 주먹은 묘하게도 대부분 상대의 코앞을 스치거나, 적당한 거리에도 미치지 못하고 허공에다가 헛손질을 해대는 우스꽝스러운 장면을 말이다.

여기에서 관찰력이 뛰어난 사람들은 한 가지의 공통점을 발견한다.

그들의 주먹이 자신이 생각했던 목표물을 지나지 못하고, 모두가 자신이 생각했던 표적보다 훨씬 못 미치게 주먹을 휘두른다는 것이다.

 아무리 멋진 원투 스트레이트 콤비네이션 블로우를 익혔다고 해도 원했던 목표물에 주먹이 미치지 못한다면 오히려 상대에게 맞기 십상이다. 하지만 우습게도 상대 또한 거리에 대한 감각이 없어 서로 허공에다고 주먹질을 해대게 된다.

 재수 좋게 먼저 한 대 맞추는 사람이 이기는... 도박과도 같은 게임처럼 된다.

 우리는 이것을 보고 이른바 막 싸움이라고 일컫는다.

1. 왼발을 일보 전진한 자세

 벽을 마주보고 그냥 편안하게 선다. 짝 다리를 잡고 서던지, 열중 쉬어 자세를 취하던 상관없다. 하지만 자신이 서 있던 자리에 분필이나 연필로 표시를 하길 바란다.

 만약 당신이 오른 손잡이라면 왼발이 오른발보다 앞으로 나와 있을 것이다. 그러한 상태가 상대를 가격하기 편하고, 파괴력이 높아지기 때문에 생기는 자연스러운 현상이다.

2. 팔의 길이와 타겟의 거리

 그냥 오른 주먹을 뻗어본다. 주먹의 정권부분이 완전히 벽에 밀착하도록 한다. 자세가 앞으로 기울어져 밸런스가 무너지지 않는 한도 내에서 허리를 곧게 펴고 좋은 자세에서 최대한 오른 주먹을 뻗어보자!

 주먹을 내린 후, 왼발 엄지발가락을 시작점으로 보고 분필이나 필기도구로 왼발 앞에 선을 그어 놓도록 한다. 여기에서 거리의 개념을 어느 정도 이해할 것이다.

 벽과 아까 왼발 앞에 표시해 두었던 지점을 줄자로 재어 보기 바란다.

 보편적으로 약 60~70cm 정도의 거리가 산출된다. 이 거리를 기준으로 보면, 거리에서 당신이 주먹을 강하게 뻗었을 때, 그 주먹에 맞은 상대의 코에서 코피가 나려면, 상대가 얼마나 가까이 당신의 얼굴 앞으로 다가와야 하는지를 짐작할 수 있다.

3. 타겟과 명중률

 당신이 주먹으로 상대의 눈두덩이를 맞춘다고 가정하고, 당신이 뻗은 주먹의 사정거리 안에 얼굴이라는 표적을 두어 보면, 상대의 얼굴에 난 여드름자국의 숫자 파악이 가능하고, 오늘 아침에 갈치를 튀겨 먹고 왔는지, 오이지를 집어 먹고 왔는지, 입 냄새로 정확히 집어낼 수 있을 정도로 가깝게 접근해야 된다는 것을 알게 되었을 것이다.

 이 정도면, 당신이 평소 생각할 수 없을 정도로 표적이 가까워야 한다는 것을 느끼기에 충분하다.

4. 타겟과 사정거리

 당신이 엽총을 가지고 곰을 잡으러 사냥을 나갔을 때, 총의 사정거리를 생각할 것이다. 만약 총의 사정거리가 100m일 경우, 110m 뒤에 있는 곰을 쏘아서 잡을 수는 없을 것이다. 최소한 90m 안쪽의 사정거리에 들어와야 총을 쏘더라도 심각한 데미지를 입힐 수 있게 되는 것이다.

 이와 마찬가지라고 생각하면 된다.

 펀치를 뻗었을 때, 타격의 사정거리는 최후의 사정거리보다 안에 위치해야 한다는 것이다. 그래야 상대가 충격을 받고 코피를 흘리게 된다. 그러므로 당신이 처음 주먹을 뻗어서 계산했던 거리보다 타겟은 더욱 가까이에 위치해 있어야 한다.

II. 거리의 조정

이제 당신은 주먹으로 상대를 맞추기 위해서는 얼마나 가까이 근접해야 하는가를 알게 되었다. 그러나 실전의 싸움에서는 서로 키스를 하기 위해서가 아닌 이상, 위와 같이 되는 경우의 거의 없을 것이다.

그러한 이유로 일반인들이 주먹을 휘두르면 상대의 얼굴에 미치지도 못하고 대부분 헛손질을 하게 된다는 사실도 보너스로 알게 되었을 것이다.

이것을 해결하기 위해서는 거리의 조절이 필요하며, 이것이 간합의 능력이라 할 수 있다.

만약 태권도 선수와 같이 발차기를 사용한다면 주먹의 거리보다 더욱 멀리서 공격이 가능하다. 그 이유는 간단하다! 발이 주먹보다 길어서 원거리의 공격이 가능하기 때문이다.

만약 검도 경기라면 상대와의 간합은 발차기의 간합보다 더 멀어질 수 있다. 왜냐하면 칼의 공격길이가 발차기보다 더 멀리서도 공격이 가능할 수 있기 때문이다. 그러므로 간합은 상대성이라고 할 수 있으며 자신의 주특기로 인하여 공격과 방어의 차이가 달라질 수도 있는 것이다.

① 이 정도의 거리라면 누구나 주먹을 휘두르고 싶은 충동을 일으킨다. 일반적으로 생각하길 주먹을 뻗었을때 매우 가깝다고 생각해서 상대를 충분히 맞출 수 있다고 판단되기 때문이다. 하지만 그것은 잘못된 생각이다. 서두에도 이야기 했다시피 단순히 주먹을 뻗어서 상대에게 데미지를 주기 위해선 상대의 얼굴이 나의 얼굴 앞까지 근접해야 하는데 이 거리는 사실상 엄청나게 먼 거리이다.

처음 격투가 벌어지기 전에 일정한 거리가 유지되는 것은 당연한 것이고, 상대를 공격하기 위해서 거리계산을 확실히 한다.

② 우선 제자리에서 주먹을 뻗어서는 상대의 안면에 주먹이 미치지 않으므로 거리를 좁혀야 한다. 그렇게 함으로써 당신의 주먹의 사정거리 안에 들어오게 하는 것이다.
 거리의 조정은 풋 워크(footwork)로 만들어진다.

여기서 내가 한발 앞으로 나가면서 주먹을 뻗어 상대가 데미지를 입는다면 바로 공격을 감행할 수 있다. 만약 타격지점이 멀다고 판단되면 보폭은 넓어지는 것이고 타격지점이 좁다면 보폭의 넓이는 좁아지게 되는 것이다.

③ 정확한 거리계산이 끝나면 바로 공격을 감행하게 된다. 주먹을 먼저 발사하는 것이 아니라, 마치 용수철이 앞으로 튀어나가듯이 몸을 발사하고, 타겟이 자신이 원하는 곳에 정확히 도달했을 때 주먹을 나중에 발사하는 것이다. 일반인들은 풋워크(footwork)에 신경쓰지 않고 마음이 급한 나머지 주먹을 먼저 발사하기 때문에 밸런스가 무너지고 펀치력이 감소되며, 목표물을 명중시키지 못하는 원인이 된다.

④ 완벽하지는 않더라도 주먹을 뻗어서 상대가 그것을 맞으면 죽고 싶도록 아프거나 다시는 그 주먹에 얻어맞고 싶지 않다는 생각이 들게 만든다면 소기의 목적이 달성된 셈이다.

좋은 펀치는 주먹에서 나오는 것이 아니라 다리와 허리에서 나오기 때문에 자주 주먹을 뻗어서 감각을 익히는 것이 좋다. 특히 허리를 구부정하게 구부리거나 머리를 너무 숙이거나 또는 눈을 감고 휘두르는 펀치는 좋은 파괴력을 얻어낼 수 없다.

III. 상대의 코에서 코피가 흘러내리지 않는 이유?

1. 엉터리로 계산된 간합의 산출

거리에 대한 감각이 전혀 없어서 처음부터 잘못된 거리계산을 한 경우이다. 이런 경우, 운동신경이 둔하거나 성격이 조급하여 서두르는 경우가 많다.

2. 스피드의 부족

정확한 거리를 포착하고 펀치를 뻗었지만, 마치 슬로우 비디오 모션을 보는 듯한 펀치에는 결코 상대가 맞아주지 않을 것이다. 대부분 어깨에 힘이 잔뜩 들어가 있거나 온몸이 경직되어 있는 경우가 많으며, 잔뜩 긴장했을 때 나타나는 현상이다.

3. 반사 신경의 발동

당신의 움직임에 따라 상대의 반사 신경이 발동할 수 있다. 이 때 상대는 순간적으로 뒤로 물러서는 움직임을 만들어낸다. 이것은 처음 당신이 생각했던 거리가 아니므로 주먹이 다시 타겟에 못 미치게 되는 것이다. 이것을 해소하기 위해서는 좀 더 빠른 발놀림과 펀치의 스피드가 필요하며, 지속적인 연습을 통해 개선할 수 있다.

4. 나보다 센 놈
나름대로 좋은 간합 감각을 지녔고, 빠른 펀치 스피드와 멋진 폼, 풋워크를 지녔음에도 불구하고 당신의 펀치가 상대를 맞출 수 없다면, 상대는 고수다! 그 땐 무조건 뒤도 돌아보지 말고 튄다!

필자의 아버지에게서 배우는 명중률 100%의 노하우

필자에겐 두 명의 아들이 있다. 둘째 아이는 이제 겨우 두 돌이 되는 유아이고, 첫째 아이는 유치원에 다니고 있다. 같은 또래의 친구들과 유치원에서 하루를 보내다 보면, 크고 작은 싸움이나 트러블이 생기게 마련,

첫째 아들 녀석이 할아버지에게 몇 가지의 고민을 털어 놓았나보다!

필자의 아버지는 신이 나서 침을 튀기며 설교를 하시고, 아들 녀석은 진지하게 눈빛을 반짝이며, 두 귀를 쫑긋 세우고 경청을 한다.

옆에서 가만히 들어 보니, 다음과 같은 대화를 하고 있다.

아버지: "괜찮아! 그러니까... 너를 괴롭히는 놈의 귀때기를 잡으란 말이야! 그럼 꼼짝 못해."

아들: "응? 그래서...?"

아버지: "그리곤 이마빡으로 콧잔등을 팍~! 하고 들이 박어!"

아들 : "그러면 어떻게 돼?"

아버지 : "코에서 토마토케찹이 찍~ 하고 나와!"

아들 : "............?"

이 녀석이 처음에는 무슨 뜻인 줄 모르다가 한참 후에야 웃겨 죽는단다. 할아버지와의 대화가 있고 난 이후에, 나와 아들 녀석 간의 대화도 약간 달라졌다.

"괘찬아! 오늘 유치원에서 뭐 했니?"

라고 아들 녀석에서 물으면, 이 녀석 아주 자랑스럽게 대답한다.

"응! 아빠~ 오늘 민석이 코에서 토마토케찹이 콸콸 나왔따아~"

아버지가 아들 녀석에게 알려준 비법, 간합이고 나발(喇叭)이고 없다.

과연~! 백발백중이었다!

8. 심사는 뭣 하러 봅니까?

어느 날 말끔하게 차려입은 50대 가량의 연세 지긋한 분이 도장에 입관을 했다.

딱~! 보니까, 아주 점잖고 조용한 성격에 신사적인 매너를 갖춘 분이다. 아니나 다를까, 열심히 도장에 나오는 것은 물론, 훈련에 빠지지 않고 착실하며 수련태도도 매우 좋았다. 다만 한 가지 문제가 있다면, 그 분과 비슷한 시기에 입관한 수련생들은 모두들 승급하여 파란 띠나 빨간 띠를 매고 있는데, 이 분은 수련한 지 6개월이 넘어도 심사를 보지 않아 계속해서 하얀 띠를 매고 수련을 하고 있다는 것이다.

연세에 비해서 발차기가 좋고 몸이 상당히 날렵했기에, 기술을 배우는 속도도 젊은 사람 못지않게 빠른데도 불구하고 왜? 심사를 보지 않는지 궁금했지만, 아마 심사 보는 날 바쁜 일이 있든지, 몸이 안 좋았다든지 했을 것이라는 막연한 추측만 하고 있었다.

한 번은 수련시간이 끝났음에도 불구하고 땀을 흘리며 묵묵히 연습을 하는 모습을 보았는데, 그 모습이 멋있게 보여 무언가 칭찬을 해야겠다는 생

같이 들어 한마디 했다.

"선생님! 발차기가 대단하십니다. 젊은 사람이라도 선생님에게 시비 걸다가는 두세 명쯤은 앉은자리에서 골로 가겠습니다. 왕년에 운동을 많이 하신 것 같네요!"

"뭘요.... 태권도를 한 8년 정도 수련했습니다."

부끄럽다는 듯이 머리를 긁적이며 그 분이 대답했다.

"호~ 대단하십니다. 그러면 태권도가 3단 내지 4단 정도는 되시겠네요?"

"아닙니다. 하얀 띠만 매고 8년을 수련했습니다."

무슨 불교의 선문답도 아니고..., 아무리 생각해도 알 수가 없어 그 이유를 묻자.

"실력도 없이 심사를 보는 것이 관장님에게 미안하고, 나 스스로도 수련이 부족하다고 생각해서...."라며 말끝을 흐린다. 처음에는 이 분이 나에게 농을 하고 있는 것인지, 어떤 건지 아리송했지만 이어지는 다음 말에 그것이 사실이라는 것을 알게 되었다.

"하얀 띠를 매고 수련하니까. 그래도 하얀 띠 중에서는 제가 8년 동안 제일 잘하는 사람이었습니다. 가끔 대련을 하면 검은 띠도 이길 때가 있었구요!"

그 말을 듣고, 이 분이 왜? 지금까

148_누구나 무술의 달인이 되는 간단한 방법

지 공권유술의 심사를 보지 않았는지, 그리고 승급에 그다지 연연해하지 않았는지에 대한 의문이 풀리게 되었지만, 왠지… 앞으로 8년 동안 하얀 띠만 매고 도장을 다닐 것 같다는 불안한 생각이 엄습해 왔다.

심사는 하나의 절차이다

그 분의 말을 듣고 고심 끝에 말을 꺼냈다.

"선생님! 심사를 하나의 절차라고 생각하십시오. 초등학교에 입학하면 공부를 하고, 때가 되면 한 학년씩 진급을 하게 됩니다. 이 중에서 공부를 못한다고 진급을 못하는 학생은 없을 겁니다. 반에서 1등을 하는 학생이나 꼴찌를 하는 학생이나 똑같이 진급을 합니다. 심사도 이와 비슷하다고 생각하시면 됩니다. 어느 정도 일정한 수련기간이 지나면 승급을 하는 것이고, 실력이 좀 모자라도 충분히 승급을 하실 수가 있습니다."

나보다 한참 연장자이신 분이었기에 더욱 조심스러웠다.
나는 계속해서 말을 이어나갔다.

심사에서 꼭 실력만으로 승급이나 승단이 결정되지는 않는다.

"심사의 기준이 멋진 동작이나 강한 힘에 있지는 않습니다. 기술과 힘을 동반하지 않더라도 그동안 열심히 수련한 무력으로 승급과 승단이 결정될 때가 많습니다. 예를 들면, 기술이 아주 좋고 실력이 좋은 수련생이 평소에는 수련을 게을리 하다가 심사 때만 와서 심사를 보고 승단을 한다면 이것이 더 문제가 되는 것이겠지요.

 또한, 심사 대상자가 한쪽 팔이나 한쪽다리가 불편한 장애우라고 하더라도 열심히 수련만 한다면, 정확한 동작이나 번개같이 빠른 스피드를 동반하지 않더라도 승급이나 승단을 할 수가 있는 것입니다. 이것은 연세가 많으신 노인 분들이 무술을 하더라도 똑같습니다. 노인 분들은 신체상 젊은 사람들의 체력을 따라가기가 사실상 어렵지요. 동작 또한 정확하지 못한 것이 사실이고요. 실력만을 따져서 심사를 치른다면, 늦게 무술에 입문한 노인 분들은 어쩌면 평생 검은 띠 한 번 매어 보지 못하고 세상을 뜨게 될지도 모릅니다."

 나의 말이 끝나기가 무섭게 그 분이 반문하였다.

 "관장님! 자신이 판단하기에 실력이 부족하다고 생각되고, 스스로 부끄럽게 생각된다면 심사를 보지 않은 것이 좋지 않겠습니까? 또는 몇 개월 더 노력해서 후일 심사를 보는 것이 좋을 수도 있다고 생각되는데요?"

 그 분은 나의 생각을 이해하고 있다는 듯이 고개를 끄덕였지만, 자신의 생각을 좀 더 구체적으로 정리하고 싶은 듯 보였다.

 주위에서 샌드백을 치거나 거울을 보고 동작을 연습하고 있던 수련생들이 우리의 대화에 귀를 기울이며 어떤 대답이 나올지 궁금해 하는 눈치다.

 나는 계속 말을 이어나갔다.

 "생각보다 많은 사람들이 심사 보는 것을 부담스럽게 생각하고 있다는 것을 알고 있습니다. 하지만 심사는 자신을 가르치는 스승에게 받는 것이기 때문에 스스로 실력을 짐작하여 판단하는 것보다 스승에게 그 권한을 넘겨주는 것이 바람직하다고 생각합니다."

 위의 대화내용과 같지는 않더라도, 생각했던 것 보다 많은 분들이 심사에 대한 필요성과 그 의미를 제대로 알지 못하고 있다.

 사실 심사라는 것은 일종의 테스트이며, 시험과 같은 것이다. 무술이란 단계에 맞는 지도방법이 있게 마련이고, 자신의 실력과 단계별로 수련의 정도를 가늠해 볼 수 있는 척도가 되는 것이 심사이기 때문에, 보다 효율적이고 체계적인 무술 지도를 받기 위해서는 심사 과정을 거치는 것이 꼭 필요하다.

웬만하면 심사를 꼭 보십시오!

1. 심사는 그동안 배운 것을 테스트하여 승급 및 승단이 이루어지는 자리이다. 또한 이러한 자리를 통해서 자신이 배운 것을 점검하고, 많은 동료들에게 자신의 기술을 공개하며 수준을 점검받게 된다.

2. 심사기간은 각 무술의 문파나 도장에 따라 다르다. 공권유술 도관에서는 약 2개월에 한 번씩 심사를 치른다. 심사가 있기 2주 전부터는 집중적으로 심사에 대한 수련을 하게 되는데, 이 때 많은 연습이 이루어진다. 심사 준비 과정을 통해 수련에서 부족했던 부분을 보충하고, 전반적인 기술들을 다시 한 번 점검하면서 확실하게 몸에 익히게 되며, 자신의 실력을 한층 업그레이드 시킬 수 있는 계기가 된다.

3. 심사를 보아 합격하면 승급 또는 승단을 하게 되는데, 공권유술의 프로그램은 각 단계에 따라 기술의 차이가 나게 마련이다. 또한 기술의 수준도 레벨에 따라 점점 높게 나타난다. 그러므로 당신이 심사를 보지 않고 계속해서 하얀 띠에 머문다면, 당신은 다음단계의 기술을 습득하는데 어려움을 겪을 수밖에 없다. 다시 말해서 오직 하얀 띠 수준의 기초기술만 계속해서 습득할 수밖에 없게 되는 것이다. 이것은 결국 기술은 늘지 않고, 기초기술만을 답습하는 초보자의 자리에 머물 수밖에 없다는 것을 의미한다.

4. 심사를 하는 날은 같은 도장의 수련생들이 모두 모이는 날이며, 이 때 서로의 얼굴을 익히게 된다. 즉 다른 시간대의 수련생의 실력과 자신의 실력을 비교, 평가 할 수 있는 자리가 되는 것이다. 그러한 자리를 통해 자신의 잘못된 점과 다른 수련생들의 장점과 단점을 눈으로 보고 느끼면서 일취월장할 수 있다.

 또한 심사는 많은 사람들 앞에서 이루어지기 때문에, 발표력이나 침착성, 대인공포증 등과 같은 여러 가지 심리적 기제 발달에 도움이 된다.

5. 심사는 도장의 행사이다.

 아주 급한 일이 없다면 원칙적으로 심사에 참석하는 것이 기본적인 예의이다. 그러므로 만약 자신이 심사 대상자가 아니더라도 참관하는 것이 기본임을 알고 있어야 한다.

– 선생님! 드디어.... 블랙벨트 심사 보는 날 –

앞서 이야기했던 것처럼 심사는 수련관의 행사입니다.

또한 즐거운 축제입니다.

행사가 끝나고 함께 식사를 하기도 하고 담소를 나누기도 합니다.

이러한 행사에 참여해서 즐기는 것 또한, 공권유술을 취미나 특기, 또는 건강과 여가선용을 위한 장으로 활용하는 좋은 방법 중의 하나일 것입니다. 비단 공권유술 뿐만 아니라 다른 문파의 무술들도 이와 같을 것으로 생각합니다.

세월이 흐른 어느 먼 훗날, 열심히 심사를 받고 있는 자신의 모습이 담긴 사진을 보면, 입가에 미소가 저절로 떠오르는 행복한 추억 만들기가 되지 않을까요?

비하인드 스토리(Behind Story)

"으하하! 나도.. 이제 검은띠다~!"

김세영 고문님! 이분이 8년간 하얀 띠만 매고 태권도를 수련했던 분이다.

하지만, 그 날 이후부터 지금까지 한 번도 빠짐없이 심사를 보았다. 지금은 '블랙벨트'이다!!

"너 말야.. 내가 뭐라 그래써? 심사 꼭! 보라 그래찌?"

"아~ 예, 예~"

지금은 심사에 빠지는 수련생들에게 심사가 중요하다는 것을 열심히 피력한다.

"걱정마러.. 자알. 가르쳐 주께..!"

도장이 관원들에게 상당히 인기가 좋다. 아주 친절하게, 상세하게, 그리고 열심히 후배들을 지도해 준다.

9. 왜? 강해지지 않는가?

후덥지근한 날씨가 아침부터 계속되더니, 한 두 방울씩 떨어지던 비가 어느 사이엔가 마치 양동이로 물을 퍼 붓는 것처럼 쏟아지고 있다.

한 남학생이 우산을 쓴 채로 4층에 위치한 도장의 입구 계단에 서 있었다. 남학생의 우산에서는 아직도 빗물이 '뚝뚝' 떨어진다. 서로 눈이 마주치자, 그는 이내 나를 알아보고는 웃는 얼굴로 반갑게 인사를 한다.

빗물이 바지에 튈까 봐 마치 소내기를 하러 가는 사람처럼 밑단을 무릎 위까지 걷어 올렸고, 물방울이 맺힌 검은 뿔테 안경은 아슬아슬하게 코에 걸쳐져 있었다.

스포츠 머리에 앳되어 보이는 인상으로 고등학교 2~3학년 정도 되어 보인다. 실내에서는 비를 맞지 않으니까, 우산을 접는 것이 어떻겠냐고 말하고는 그를 사무실로 안내했다.

"강해지고 싶어서 왔습니다!"
그는 탁자 위에 놓인 화장지 한 장을 뽑아 물 묻은 안경을 닦으며, 숨도 쉬지 않고 말을 꺼냈다.

필자가 공권유술 도관에서 제자들을 지도하면서 느낀 점은, 대부분의 수련생들이 한결같이 강해지고 싶다는 욕망을 가지고 있으며, 그것을 추구한다는 것이다.

특히, 중·고등학교에 재학 중인 남자 학생들에게서 더욱 두드러지게 나타나는 현상이다. 나는 그것을 잘 알기에, 그의 말이 전혀 생소하게 들리지 않았다.

그는 계속해서 말을 이었다
"공권유술을 하기 위해서 지난주부터 헬스클럽에 다니고 있습니다. 웨이트트레이닝으로 체력을 다지면 더욱 강해질 수 있다고 생각하거든요!"
그의 두 눈은 자동차의 헤드라이트를 켠 것처럼 빛이 났으며, 두 주먹은 투지에 불타오르듯 불끈 쥐어져 있었다. 하지만 나는 직감적으로 '이 친구가 얼마 못가서 수련을 그만 두겠구나'라는 생각을 했다.

생각보다 많은 사람들이 헬스클럽에서 체력을 기르면서 무술수련을 한다면 좀 더 강해질 것이라는 생각을 하고 있다. 하지만 아이러니하게도 처음의 의지와는 달리, 대부분 얼마 못가서 포기하고 무술수련을 그만두고 만다.

 태릉선수촌에서 훈련하는 국가대표 선수들이나 전문 격투선수가 아니라면, 초보자가 웨이트트레이닝과 격투기를 함께 훈련하는 것은 사실상 무리이다. 왜냐하면 우선 시간적으로 쫓기게 되는 것이 가장 큰 원인이고, 체력에 무리가 오면서 몸이 피곤하여 정신적으로 나약해지기 때문이다. 정신력이 약해지면 게을러지게 되며, 게을러지면 원래의 취지에서 벗어나서 웨이트 트레이닝도 그만두고 공권유술도 그만두게 되는 것이다.

 나는 이러한 사실을 충고해 주고, 처음부터 서두르지 말 것을 조언해 주고 싶었으나, 워낙 학생의 의욕이 넘쳐보였기 때문에 그의 사기를 꺾을 만한 이야기는 하지 않는 것이 좋겠다고 판단하여 다음날부터 훈련을 시작하는 것을 수락했다.

 그는 입관원서에 사인을 하고 콧노래를 부르며 계단을 내려갔다.
 빗줄기가 가늘어지기는 했지만, 그래도 제법 창문을 두드렸다.
 4층의 창문 너머로 신호등을 건너는 그 친구의 모습이 금방 눈에 들어있다.
 많은 사람들이 지나다니는 길에서 그를 찾는 것은 그리 어렵지 않았다.
 우산인 줄 알았던 빨간색 꽃무늬 양산을 좌우로 '빙빙' 돌리며, 지나가는 행인들에게 빗물을 튀기며 걷고 있었기 때문이다.

 다음날....
 수련 시작 2시간 전에 체육관에 오더니 도복을 갈아입고 몸을 푼다고 이곳저곳을 돌아다닌다. 샌드백도 한번 차보고....
 벽에 걸린 사진들을 바라보다가 싫증이 난 듯 도장바닥에 대자로 뻗어 뒹굴더니 거울을 보면서 웃통을 벗고 이소룡 흉내를 낸다.

옆에서 그것을 보고 있던 초등학교 2학년 수련생이 사무실로 들어와서는 어떤 형이 발광을 하고 있다고 고자질을 한다.

사실 이런 수련생일수록 정작 자신의 수련시간에는 강의를 듣는 둥 마는 둥 하고 얼른 집에 갈 생각에 수련이 제대로 되질 않는 경우가 많다.

하지만 수련시간에 훈련하는 그의 운동신경을 보고 놀라지 않을 수 없었다.

평생 처음해 보는 발차기와 낙법이었지만, 한 번의 설명으로 그대로 따라하며, 한 가지를 알려 주면 그야말로 10가지를 터득하는 운동신경이 매우 좋은 학생이었다.

처음엔 몰랐지만 도복에 가려져 있던 그의 몸은 공권유술을 하기에 매우 적합한 것이었다. 약간 호리호리하면서도 군살 하나 없는 근육을 지니고 있었으며, 빠른 몸놀림을 선보였던 것이다.

첫날 수련이 끝난 후, 나는 그에게 훌륭한 신체조건과 좋은 운동신경을 가지고 있다고 하며 극찬을 아끼지 않았다. 그리고 열심히 하라는 말도 잊지 않았다.

그는 진심으로 기뻐했고, 노력하는 공권인이 되겠다는 약속을 했다.

그 후 일주일쯤 흘렀을까? 수련을 마치고 물을 한 모금 마시려는데, 그 친구가 앞을 가로막고 질문을 해왔다.

"관장님! 최대한 빨리 강해지는 법을 알려 주십시오!"

비장한 기운까지 감도는 목소리였다.

"어떤 목표가 있다는 것은 좋은 일이야! 열심히 수련하면 좋은 결과가 있을 걸세!"

"그렇게 추상적인 것 말고, 전 확실한 것을 원합니다. 훈련방법이나 기술! 식이요법이나 관장님만이 알고 있는 비기 같은 거... 뭐 그런 거 있지 않습니까?..."

"자네는 아직 초보니까, 기본기를 열심히 수련하게나. 나를 믿고 열심히 수련하면 분명 자네가 원하는 것을 얻을 수 있을 걸세!"

 그날은 그것으로 마무리가 되었다. 그러나 그 이후에도 질문은 계속되었고 집요했다.

 나와 마주칠 때마다 강해지는 방법을 알려달라고 떼를 썼고, 훈련을 할 때마다 입버릇처럼 자신은 강해질 것이라고 자신의 훈련파트너에게 떠들고 다녔다.

 모두들 그와 파트너가 되어 훈련하는 것을 부담스러워 했다. 그도 그럴 것이 스파링을 할 때 강도를 조절해야 함에도 불구하고, 인정사정없이 상대를 몰아붙였고, 상대에 대한 배려나 예의를 찾아볼 수가 없었기 때문이다.

 무술도장이란? 매너를 배우는 곳이며, 매너를 지키는 곳이다. 여러 사람이 함께 수련하므로 상대방을 존중하고 아껴주어야 한다.

 내 파트너로 인해 나의 실력이 업그레이드되는 것이다. 내가 상대에게 함부로 대한다면 상대는 나와 파트너가 되길 꺼려할 것이며, 언제나 부상의 위험에 노출되게 된다.

 매너를 지키지 않으면 무술을 수련하는 의미가 퇴색된다.

 하지만 그 친구는 그것을 간과하고 있었다

 더욱이 그의 실력은 오히려 줄어들었고, 체육관에 빠지는 일이 많아져 4개월 후에는 일주일 훈련 중에 한 번이나 제대로 나올까 말까 하는 지경에까지 이르렀다.

 결국 그는 훌륭한 운동신경과 감각을 지녔음에도 불구하고 자신과 비슷한 시기에 입문한 동기들이나 후배들에게도 기술이 뒤처지게 되고 실력도 남들보다 못하게 되었다.

 더욱이 대련을 하면, 몇 달 전까지만 해도 상대가 되지 않던 동료에게까지 패배하는 시련을 겪어야만 했다. 이제 그의 사기는 바닥까지 내려갔다.

"관장님! 공권유술을 그만두겠습니다."

그의 손에는 잘 개어진 도복이 들려 있었다.

"한동안 보이지 않던 놈이 불쑥 찾아와서는 인사 대신 한다는 말이 고작 그만두겠다는 말이냐? 도장에 입문하는 것도 너의 마음이고 그만두는 것도 너의 마음이다. 무엇을 하든 열심히 하는 사람이 되었으면 한다!" 그의 등을 두 번 정도 가볍게 두드려주고 수련관으로 들어가려니까, 그가

급하게 말을 이었다.

"왜? 강해지는 법을 가르쳐주지 않는 겁니까?"

그의 목소리에는 나에 대한 원망과 불만이 가득 차 있었다. 그의 질문에서 나는, 그가 왜 공권유술을 그만두려고 하는지 알게 되었다.

대부분의 무술도장에서는 처음 입문해서 한 달도 채우지 못하고 도장을 떠나는 경우가 절반 이상일 정도로 가장 많다. 그 중에는 일주일 안에 그만두는 경우가 가장 많으며, 3일 안에 그만두는 사람도 수두룩하다.

왜? 처음에 불타올랐던 투지와는 달리 모두들 3개월을 못 버티고 수련을 중도에 그만두는 것일까?

여러 가지의 요인이 있겠지만, 오로지 강해지고 싶다는 생각만으로 도장에 들어선 경우라면... 결과는 당연해진다.

그것은 처음 생각과는 달리 강해질 수 없다는 것을 스스로 판단하기 때문이다.

이러한 생각을 하는 가장 첫 번째 이유는 조급함 때문이다.

이것은 한국인 특유의 급한 성격 때문이라고도 할 수 있다.

처음 입관을 하고 도장에 들어서면 자신과 비슷한 또래나 비슷한 신체조건의 사람들에게 관심을 갖기 마련이다. 그리고 그 사람의 레벨을 확인하게 되는데,

간단하게 확인할 수 있는 방법은 허리에 묶여진 벨트를 보는 것이다.

색깔이 있는 벨트는 그 사람의 무력을 나타나는 것이기 때문이다.

예를 들면....

블랙벨트 선배들의 무술에 대한 전반적인 실력. 그러니까....

'붕붕' 날아다니는 월장낙법이나 화려한 발차기, 멋진 그래플링 실력이나 연무 등을 보면 매우 황홀해지지만, 그들이 5년 또는 7년 이상 수련한 사실을 알게 되면, 나 또한 그정도의 세월이 흘러야 한다는 것을 뒤늦게 깨닫게 된다.

그것을 깨닫는 순간, 5년이나 7년이 매우 길게만 느껴지고, 수련과정이 고행 길처럼 여겨지면서, 그만큼의 피나는 노력이 필요하다는 것을 알게 되는 것이다.

이것이 무술을 그만두게 되는 가장 큰 요인이다.

이러한 사실로 미루어 볼 때, 그 또한 열심히 수련해도 자신이 원하는 정도의 실력에 미치지 못하는 것에 실망했을 것이고, 강해지고 싶다는 의욕만 넘칠 뿐 제대로 실력을 다지지 못하다가, 최근에는 상대도 되지 않던 동료들과도 실력 차이가 벌어지는 자신이 죽도록 싫었을 것이라는 짐작이 들었다.

"너는 왜? 강해지려고 하는 것이냐?"

"네?......."

나의 갑작스러운 질문에 그는 당황해 하는 듯 했지만 이내 말문을 열었다.

"저는 맨손으로 황소를 때려잡는 최영의 선생님이나 이소용 같이 강해지고 싶습니다!"

"맨손으로 황소를 때려잡아서 뭐할 건데...?"

"...? 저는 제가 강하다는 것을 증명해 보이고 싶고, 정말로 강해지고 싶습니다."

"그래서?"

"네...?"

나는 단호한 어조로 계속해서 질문을 이어나갔다.

"네가 강해졌다고 치자, 그래서 어떻게 할 건데?"

"............"

눈을 마주보며 이야기 하던 그가 고개를 떨구었다. 그리곤 한참 후에 기어들어가는 목소리가 들려왔다.

"그냥... 쎄지고 싶은데요....."

나는 그에게 다음과 같이 이야기 했다.

"사실 강해진다는 것은 매우 추상적인 것이야. 또한 객관적이지도 못하고 매우 주관적인 것이 사실이야. 예를 들자면, 몸이 약한 사람이 강해지고 싶다는 생각으로 무술을 수련해서, 얼마 후에 자신과 비슷한 레벨에 있는 사람에게 승리했다고 치자. 그 사람은 실제로 얼마만큼은 강해졌다고 보이지? 하지만 이 또한 해석하기 나름이지. 열심히 훈련해서 한 단계 실력이 업그레이드 되었고, 자기 스스로도 예전보다 확실히 강해졌다고 느끼겠지만, 자신보다 높은 레벨의 고수에게는 아직도 분명 약한 존재일 수밖에 없는 것이 기정사실이지. 따라서 강해졌다 아니다는 본인의 만족도에 달려있는 것이라고 보여지지 않아? 계속해서 정해져 있지도 않은 강함만을 추구한다는 것은, 한여름 소낙비가 지나간 후에 나타난 무지개를 쫓는 것만큼이나 허망한 것이라는게 내 생각이야."

"…………"

"현재는 강함을 증명해 보일 수 있지만, 자신보다 더 강한 고수가 나타나면 언제든지 그 사람보다 약한 존재가 되는 것이고, 아무리 강한 사람이라도 세월이 지나 나이를 먹게 되면, 약한 사람이 되는 게 당연지사 아니겠나? 결국 강함이란 자신의 몸과 마음이 만들어내는 스스로의 만족도에 따라 달라지는 것이 아니겠느냐 이 말이지!"

그는 나의 대답에 수긍을 하는 듯 했으나, 실망한 듯 이내 따지듯 물었다.

"그럼 강함을 추구하는 것이 허상이라는 말인가요? 그렇다면 뭐 하러 무술을 수련합니까? 그럼 관장님도 강함을 추구하지 않으셨단 말씀입니까?"

나는 즉흥적인 대답 대신 그에게 하나의 질문을 던졌다.

"자네 집에 자동차 있는가?"

"네? 아버지가 자동차로 출퇴근을 하십니다만…."

"자네, 처음 자동차를 사면, 카시트나 먼지털이개, 그리고 핸들커버 같은 것들을 보너스로 주는 것을 알고 있는가?"

"네."

"이런 것들을 받으면 매우 기분이 좋겠지?"

"?? 그렇겠죠…."

"하지만 이러한 장식품 같은 것들에 현혹되어서 자동차의 본질인 성능이나 기타 여러 가지 안전성을 무시한다거나 드라이브를 하는 즐거움을 잊어버린다면 얼마나 어리석은 일이겠는가?"

나는 수련장의 문을 열며 말을 이어나갔다.

"도장에서 수련하는 사람들의 표정을 보게. 얼마나 즐겁게 수련을 하고 있는가? 행복해 보이지 않는가? 땀을 흘리면서도 너무나 재미있어 하지 않는가? 강함이란 무술을 수련함에 있어서 얻어지는 작은 보너스와도 같은 것이야! 즐겁지 않으면 아무 소용이 없는 것이지...." 그가 고개를 끄덕였다. 내 말에 동감을 표한다는 뜻이었다.

"운동장에서 농구를 하는 학생들을 한 번 봐. 얼마나 즐겁게 게임을 즐기는가? 재미있게 농구를 즐기다 보면 건강이라는 보너스를 얻게 되고, 멋진 몸매 또한 옵션으로 따라붙게 되는 걸세. 그러나 오직 다이어트와 멋진 몸매를 만들기 위해서 농구를 한다면 즐겁지도 행복하지도 않게 되네."

그는 벗어놓은 신발을 조용히 신발장에 넣고는 도장의 구석에 있는 탈의실로 향했다. 그리곤 가지고 있던 도복을 탈의실의 옷걸이에 걸어놓으며 혼잣말로 중얼거렸다.

"그래도... 강해졌으면... 좋겠는데...."

며칠 후부터 그는 다시 열심히 도장에 나왔다.

수련시간 내내 그는 연신 즐거운 표정을 지으며 훈련에 열중했다. 이마에 송글송글 맺힌 땀을 소매로 연신 훔칠 때에도 행복한 미소를 잃지않았다.

필자가 돌이켜 본 필자의 10대에도 정말 강해지고 싶다는 생각이 지배적이었다. 무술을 하는 모든 이유가 오직 강해지는데 있는 것으로 착각을 한 시기가 있었다. 그렇게 강함에 집착하다 보니, 무술을 실전에서 사용하기 위해 좋든 싫든 많은 싸움을 하게 되었다. 나의 눈두덩은 언제나 퍼렇게 멍이 들어 있었고, 일주일에 서너 번은 코피를 흘려야 했다.

그렇게 하면서 20대가 되었을 때, 최고의 무술전성기를 맞이했음에도 불구하고 강함에 대한 욕구는 더욱 커져 갔다. 강해지기 위해 여러 무술을 두루 섭렵하고자 했으며, 무술훈련으로 20대의 내 모든 청춘을 보냈다. 그러나 돌이켜보면 나의 20대는 무술을 하면서 가장 행복했던 시기였던 것 같다. 만약 행복하지 않았다면, 그렇게 무엇에 홀린 듯이 무술에 혼신의 힘을 쏟을 수 없었을 것이다. 나도 모르는 사이에 내 행복의 한 가운데에 무술수련이 있었던 것이다.

30대 초반에는 제자들이 나와 같은 길을 가도록 종용하는 무언의 압력과 강요가 있었던 시기였다. 당시에는 실력을 중요시 했으며, 강하지 않으면 무술을 하는 의미가 없다고 생각하여 언제나 실전대련을 제자들과 함께 했다. 그것은 제자들이 나를 무서워하는 계기가 되었다. 조금이라도 수련을 게을리 하거나 실전대련에서 기술이 모자라면 나이가 많고 적음을 떠나서 사범이나 조교 급의 제자들도 서슴없이 뺨다구를 쳤다.

나는 30대 후반에 들어서서야 겨우 무술 수련의 충만함과 행복감을 즐겼다. 목소리가 부드러워지고 표정이 순해졌다. 무술을 수련한다는 자체가 나에게 즐거움이었고, 나의 직업이 무술인이라는 것이 너무나 자랑스러웠다.

필자의 나이 이제 40대, 제자들을 가르치는 보람을 행복으로 느끼며 산다. 제자들의 실력이 나보다 나아지고 있는 것을 보면 입가에 미소가 저절로 떠오른다. 제자가 초보자면 초보자인대로 귀엽다. 제자가 오랜 시간 동안 함께 수련한 사범들은 얼굴만 보아도 대견스럽다. 모두가 사랑스러워 보인다. 또한 공권유술을 제자들에게 지도한다는 사실이 너무나 행복하다.

아직 필자가 50대를 경험하지 못하였으므로, 그 때가 되면 어떤 생각을 갖게 될지는 모르지만, 무술을 하면서 '무술도 나이를 먹는구나!' 라는 생각이 들면

절로 숙연해진다.

10대에는 오로지 10대의 눈으로 사물을 바라보고, 20대에는 20대의 주관으로만 생각한다는 것을 알게 되었다.

그 당시에는 오로지 그것이 진리라고 생각했던 것이다.

30대의 젊은 나이로 요절한 천재 무술인 이소룡도, 60이 넘도록 무술을 했다면..., 지금의 절권도를 더욱 철학적인 무술로 무르익게 하지 않았을까 하는 아쉬움이 남는다.

젊은 시절 "이 지상에 있어 자기보다 강한 인간이 존재하는 것을 절대로 허락하지 않는다."라는 어록을 남긴, 고 최배달 선생이 만약 지금도 살아 계시다면 한 번쯤 물어보고 싶다. 젊은 시절 선생님께서 하신 말씀이 아직까지도 유효한지를....

당신이 강해지지 않는 이유!

 지구상의 모든 무술은 실전을 바탕으로 만들어져 있다.
 또한 그 무술의 특성에 따라 실전에 사용하는 용도와 기법이 다르게 나타난다. 하지만 모든 무술은, 무술의 특성상 좀 더 빠르고, 간단하고, 효과적으로 상대를 제압하는 것을 목적으로 한다.
 만약 이것이 빠진다면 무술이라는 의미가 퇴색하게 된다.
 무술이라는 것은 확실히 남성의 힘과 기량을 최대한 발휘할 수 있는 매력적인 운동이다. 그래서 많은 이들이 이러한 기법을 빠르게 익히고자 하며, 좀 더 강해지고자 노력한다.
 이번 장에서는 "나는 왜? 강해지지 않는가?"에 대한 해답을 제시해 보고자 한다.

1. 당신은 강해지고자 하는 욕망에 사로잡혀 있는가?

 남자라면 누구든 강해지고 싶은 욕구가 있게 마련이다. 공권유술을 하는 모든 수련생들도 이에 해당된다. 하지만 강함에 집착하는 순간부터 더욱 강해지기 어렵게 된다.
 앞서 이야기 한 바와 같이, 공권유술을 하는 첫 번째 이유는 그것이 흥미로우며 재미있어서이다. 당신이 축구를 하는 것은 강해지기 위해서가 아니며, 수영 또한 강해지기 위해서 하는 것이 아닌 것처럼, 공권유술도 여타 다른 스포츠와 같이 단순히 즐길 수 있는 장르가 되어야 한다.
 내가 현재 강하지 않다고 생각되더라도 단순히 공권유술을 사랑하고 좋아한다면 강함은 얼마 후 당신에게 내리는 상과 같이 당신을 찾아간다.
 많은 사람들이 무술을 금방 포기하는 이유는 오직 빠른 시일 안에 강해지기만을 원하기 때문이다. 이는 무술 수련이 즐겁지도, 행복하지도 않음을 의미할 수도 있다. 당신은 어느 쪽에 해당되는가?

2. 당신은 지도자에 대한 믿음이 있는가?

공권유술에 입문한 초보자일수록 많은 질문을 쏟아낸다. 여기에 지도자가 대답을 하면, 당신은 그것이 정확한 답변인가를 알기 위하여 인터넷의 무술게시판에 질문을 올려놓거나 무술서적을 구입하여 확인한다.

더욱 황당한 것은 공권유술의 기술을 공권유술과 전혀 상관이 없는 여타 다른 무술의 지도자에게 질문하거나 엉터리 대답을 듣고 와서는 기술의 정확성에 대해 따지고 묻는 경우도 있다는 것이다.

이것은 마치 검도를 배우고 있는 학생이, 자기를 지도하는 선생님께 의아함을 가지고, 머리치기에 대한 검도기술을 가지고 태권도 선생에게 기술의 정확성을 묻는 것과 같은 이치이다.

상식적으로 생각을 하더라도 공권유술 기술을 학생들에게 지도함에 있어, 공권유술을 지도하는 지도자가 타 무술의 지도사범보다 월등한 것은 당연한 것이다.

지도자에 대한 절대적 믿음 없이는 공권유술의 실력 향상을 기대할 수 없다.

이는 지도자 또한 수련생에게 믿음을 주지 못했다는 결과를 초래하게 되며, 정확한 지도를 방해하는 원인이 되기도 된다.

수련생과 지도자 간에 신뢰가 쌓이지 않는다면, 공권유술과 같은 무술 수련이 결코 즐겁지 않게 되는 것이다.

당신은 어느 쪽에 해당되는가?

3. 당신은 기본기를 충실히 익히고 있는가?

수련생을 지도하다 보면, 많은 이들이 기본기를 무시하고 오로지 멋진 테크닉만을 구사하고자 하는 경향이 두드러진다.

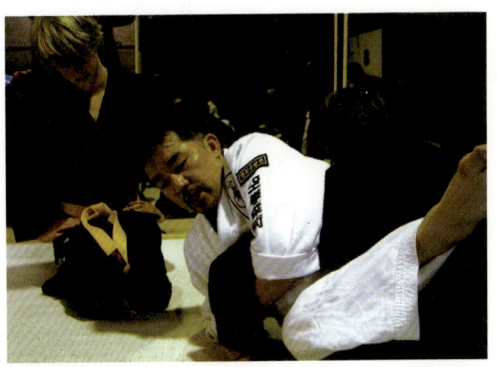

공권유술 기술 시스템의 경우, 종합무술적인 요소를 띤다고 해도 어느 한 종류의 기술 분야만 전문적으로 수련하지는 않는다.

예를 들어, 메치기의 기술이 공권유술에 포함되어 있다면, 메치기 기술을 잘하기 위하여 메치기의 기술테크닉만을 전문으로 수련시키지는 않는다는 것이다.

만약 메치기만을 전문으로 수련한다면 그것은 공권유술이 아닌, 말 그대로 유도가 된다. 그렇다면 가까운 유도체육관에서 유도훈련을 하는 것이 낫지 굳이 멀리에서부터 공권유술도관을 찾아올 필요가 없는 것이다.

메치기가 공권유술에서 중요한 부분을 차지하고는 있지만, 공권유술의 한 기술 장르일 뿐이므로 모든 기술을 두루 섭렵해야 한다.

최근에는 공권유술을 브라질 유술로 착각하여, 오로지 와술과 관련된 기술만을 수련하고자 하는 신입수련생이 종종 있다.

그것은 공권유술의 와술(grappling)이 브라질 유술과 흡사하다고 생각하는데 있는 것 같다. 공권유술에서 와술이 차지하는 비중은 전체 기술 중 25%정도를 차지 하지만, 이것을 브라질 유술과 같은 종류로 해석하는 오류를 범해서는 안 된다.

앞서 말한 바와 같이, 100% 와술만으로 공권유술을 수련한다면 그것은 공권유술이 아닌 브라질 주짓수나 유도의 굳히기 기술만을 수련하는 것이 되는 것이다.

공권유술의 경우, 다음과 같은 기술로 프로그램 되어 있다.

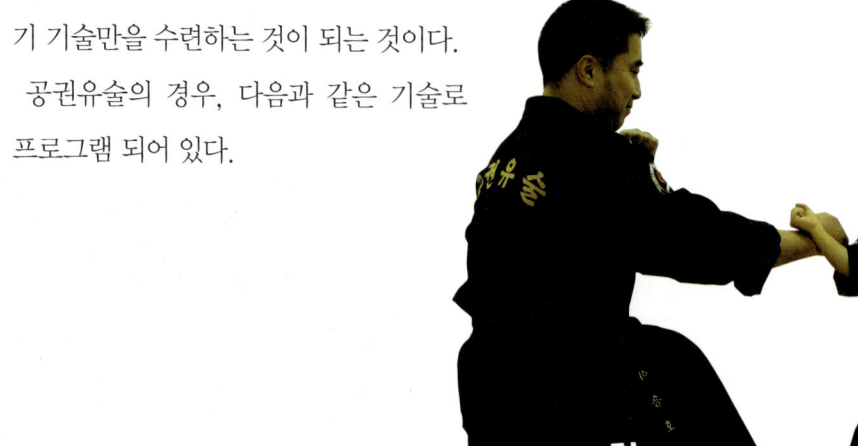

* 타격기-〉접근전-〉메치기-〉와술기

1. 수기와 족술, 그리고 팔꿈치 공격과 무릎차기와 같은 타격기 계열 40%
2. 기습적 관절기와 메치기를 하기 위한 잡기싸움에 사용되는 입식관절기 15%
3. 다양한 던지기와 메치기 20%
4. 바닥에서 싸우는 전반적인 와술기 25%

위와 같은 기본적인 구조에서 방권술, 형, 호신술 등과 같은 많은 기술들이 파생되고 훈련법 또한 전혀 다른 방식으로 전개된다.

결국 상대를 제압하기 위해서는 1번부터 4번까지 순차적인 훈련이 필요하며, 그에 맞는 프로그램으로 연습해야 한다.

하지만 몇몇 사람들은 오직 4번의 와술기 연습에만 주력하려고 해서 문제가 되고 있다. 왜냐하면 와술기는 발차기나 주먹치기처럼 몸을 과격하게 사용하지 않아도 되고, 타격기법에서 오는 부상의 위험이 없다고 생각하며, 기술의 습득이 간편하고 효과적이라고 생각하기 때문이다.

그러나 이것은 공권유술을 수련함에 있어서 잘못된 생각이다.

공권유술의 타격기술은 과격하지도 않으며, 부상의 위험도 없다. 또한 기술의 습득이 어렵다는 편견도 버려야 한다.

공권유술은 공권유술에 맞는 훈련단계가 있다. 공권유술의 훈련단계 구성은, 기술 습득에 있어 가장 효과적이고 빠르며, 체계적인 신체 훈련에 맞도록 연구한 결과에 따라 이루어진 것이다. 따라서 첫 단계부터 차근차근 수련해 나가야지만 제대로 된 기술구사와 함께 진정한 공권유술인이 될 수 있는 것이다. 그럼에도 불구하고 공권유술 훈련의 앞 과정들을 생략하고, 맨 마지막 과정의 와술기만을 수련하고자 하는 것은 반쪽짜리 공권유술인이 되는 것과 같다.

만약 당신이 좀 더 현재의 기량보다 뛰어난 실력을 보유하고 싶다면, 공권유술의 시스템과 프로그램을 눈여겨 볼 필요가 있다. 또한 지도자가 가장 중요하게 여기는 부분과 교육의 의도를 파악하는 지혜가 필요하다.

공권유술의 지도자뿐만 아니라, 여타 무술의 많은 지도자들이 기본기를 강조하는 것은 그것이 무술을 습득하는데 있어서 가장 빠르고 정확하게 배울 수 있는 지름길이기 때문이다.

 물론 기본기를 익혀 나가는 과정이 지루한 일일 수도 있다. 하지만 당신이 지금의 기량보다 나아지길 원한다면 이것을 간과해서는 안 될 것이다.

 화려한 기술도 기본기에서부터 출발하고, 상대를 쉽게 제압해서 승리를 하는 것도 알고 보면 제대로 된 기본기에서 비롯된 것이다. 기본기가 다져지지 않은 상태에서 고급 기술만을 고집하는 것은 모래위에 커다란 성을 짓는 것과 같다. 남들보다 빠르게 성을 지을지는 몰라도 얼마 못가서 허물어지는 성!

 당신도 그런 성을 원하는가?

4. 동기 유발을 하고 있는가?

 동기 유발이란? 수련생이 수련목표를 정하고 그것을 향하여 훈련에 매진하는 심리적 요인을 말하는 것으로 볼 수 있다.

 동기 유발은 공권유술을 지속적으로 할 수 있게 하는 매개체 역할을 한다.

 동기 유발로 인해 자신이 원하는 목표를 달성하기 위하여 계속해서 노력하기 때문이다.

 만약 처음에 목표를 너무 크게 잡는다면 동기유발은 사라지고 만다.

 예를 들어 복싱에 처음 입문한 초보자가 수련한 지 얼마 되지도 않았는데, 자신의 목표를 세계 챔피언으로 잡는다면, 이것은 올바른 동기 유발이라고 볼 수 없다. 자기 스스로가 세계 챔피언이 된다는 것이 사실상 불가능하다고 생각하기 때문에, 얼마 못가서 복싱을 그만 두게 되는 것이다. 즉, 순식간에 동기유발로 생각했던 초발심은 사라지고, 세계 챔피언은 헛된 망상임을 알게 된다.

 세계챔피언도 복싱에 입문한 첫날부터 세계챔피언을 꿈꾸지는 않았다. 그들은 많은 연습과 노력으로 4라운드의 작은 시합을 성공적으로 마치는 것을 시작으로 해서 풍부한 경험이 쌓이고 많은 경력이 쌓였을 때 비로소 세계챔피언의 가능성을 점치고 그것에 매진하는 것이다.

올바른 동기유발을 위해서는 막연한 목표를 잡아서는 안 된다.

무작정 강해지고 싶다든가, 단순히 최고가 되고 싶다든가 하는 것들 말이다.

이렇게 막연한 꿈은 하나의 공상에 그칠 공산이 크다. 왜냐하면 최고라는 것이나 강해진다라는 것은 무형의 형태이고 단계가 없으며, 전혀 객관적이지 못하기 때문이다.

무엇이든 하나의 단계를 차근차근 밟고 올라가는 목표를 설정하는 것이 좋다.

이를테면, 3개월 후에 열릴 무술대회에서 10등을 목표로 훈련한다든지…

앞으로 열심히 수련하여 6개월 후에 블랙벨트를 획득하는 것을 목표로 한다든지…

또는 자신이 원하는 기술 동작을 언제까지 마스터할 것이며, 그 다음의 고급 기술을 언제, 어느 시점까지 완벽하게 구사하겠다는 등의 구체적인 목표를 세워야 한다.

이것은 충분히 실현 가능성이 있는 목표이며, 너무 막연하지도 않고 어렵게 생각되지도 않는다. 만약 이러한 목표를 달성하게 되면, 그 후에 또 새로운 동기유발을 위하여, 상위 단계의 새로운 목표를 세우면 되는 것이다.

당신은 구체적인 목표를 세우고 하나하나 정진해 나가는 스타일인가? 아니면 헛된 망상에 사로잡혀 있는 사람인가?

5. 배우지 않은 것을 욕심내고 있는가?

모든 무술에는 단계가 있고, 그에 맞는 진도가 있다.

만약 당신이 허리에 빨간 띠를 두르고 있다면, 당신의 레벨인 빨간 띠에 해당하는 기술에 매진하는 것이 좋다.

만약 당신이 당신의 레벨에 해당하는 기술 습득을 무시하고, 4단이나 5단 이상의 고급기술을 익히고자 한다면 오히려 기술 습득이 어렵게 된다.

한 마디로 말하면 걷지도 못하면서 뛰기를 원하는 것과 같은 형상이다.

4단 이상의 고단 기술은 하얀 띠부터 빨간 띠를 거치는 과정에서 형성되고, 거기에서 연마된 기술들이 업그레이드되어 구성되는 경우가 많기 때문에 현재 자신의 기술을 열심히 연마하는 것이 가장 좋은 것이다.

또한 어느 단계에 올라서기까지는 한 가지의 무술에 매진하는 것이 좋다.

가끔 공권유술의 유단자들도 킥복싱과 브라질 유술 또는 복싱 같은 운동을 함께 병행하는 경우가 있다.

이유를 물어보면 매우 간단하게 답을 한다.

"킥복싱과 브라질 유술 같은 무술을 하면, 공권유술을 하는데 있어서 도움이 된다고 생각합니다."

단호하게 말하지만, 이러한 대답은 정답이 될 수 없다.

상식적으로 태권도를 하는 사람이 태권도를 더욱 잘하기 위하여 유도를 하거나 킥복싱을 한다는 것과 똑같은 말이 아닌가?

킥복싱이나 유도, 그 밖의 권투나 레슬링 같은 무술은 그 자체로 매우 훌륭한 무술이다. 그리고 그것을 한다고 해서 태권도의 기술이 뒤떨어지거나 무술의 소양이 격하되지는 않는다.

많은 무술을 배우는 것 자체가 사실상 훌륭한 일이 아닐 수 없다. 하지만 태권도를 잘하기 위해서는 태권도를 더 열심히 하는 것이 가장 좋은 법이지, 다른 무술을 특별히 수련한다고 해서 태권도를 더 잘 하게 된다는 것은 어느 누가 생각해도 이치에 맞지 않는다.

어떤 무술이든 초보 수련생은 자신의 무술보다 타 무술이 더 좋아 보이는것 같은 경향을 가지고 있다. 남의 떡이 커보이는 것이다. 그렇기 때문에 이 무술, 저 무술, 하나의 무술을 3개월도 안 되어 바꾸어가며 체육관을 옮겨 다니게 된다. 이렇게 해서는 시간과 정력만을 낭비하는 결과를 초래한다.

어느 무술이든 시작하면 최소한 6개월 이상 수련하는 것이 좋고, 무술의 종류를 바꿀 때에는 신중한 자세가 필요하다.

당신은 당신의 무술을 신중하게 선택했으며, 6개월 이상 수련할 의지를 가지고 있는가?

6. 체력 단련을 꾸준히 하고 있는가?

체력은 모든 무술의 근간이 된다. 공권유술도 마찬가지이다.

가장 좋은 것은 수련의 내용 안에 들어있는 여러 가지의 동작들을 반복하는 과정을 통해 자연스럽게 체력을 기르는 일이다.

예를 들어 발차기를 즐겁게 하는 반복적인 수련을 통해서 복부의 근력이나 대퇴근의 근력이 증강되게 된다. 발을 들어 올리는 동작이 대퇴근육과 복부근육에 영향을 미치기 때문이다.

샌드백을 펀치로 치는 과정에서 어깨의 삼각근과 이두근 또는 삼두근이 발달되고, 근력이 축적된다. 근력뿐만 아니라, 이러한 동작을 계속해서 반복하면 숨이 찰 것이고, 이것은 심폐의 기능을 향상시켜 지구력과 근지구력을 동시에 발달시키고, 준비운동으로 하게 되는 팔굽혀 펴기나 스트레칭, 낙법과 같은 기술들은 몸의 유연성과 균형감각을 향상시키게 된다.

그러므로 특별히 체력을 키우기 위해서 헬스클럽에서 기구운동을 하거나 아침마다 조깅을 할 필요는 없다.

차라리 그 시간에 본인이 하고 있는 무술 기술들을 반복 연습하는 것이 유리하다. 여기서 중요한 것은 수련시간에 얼마만큼 집중해서 수련을 하는가이다.

똑같은 시간에 효과적으로 수련하는 것과 건성으로 수련하는 것은 기술적인 면에서나 체력적인 면에서 많은 차이가 난다.

 만약 본인이 느끼길 타인과 비교해서 체력이 현저히 떨어져 있는 상태라고 느껴진다면, 수련이 끝난 후 기초체력을 다지기 위하여 줄넘기나 물구나무서기 윗몸일으키기와 같은 기초 체력훈련을 해야 한다.

 도장의 바닥에서 뒹굴고 무우(武友)들과 함께 땀을 흘려라!

열심히 훈련에 정진하는 것이 체력을 향상시키는 원동력이 될 것이다.

당신의 훈련은 어떠한가? 체력을 향상시킬만한 강도로 훈련에 임하고 있는가?

마우스피스 사용법

 예전에 신문에서 보았는지? 아니면 인터넷 논평에서 보았는지? 정확히 기억은 나지 않지만, 메이저리그의 박찬호 선수가 전성기를 능가하는 피칭을 해서 눈길을 모으고 있다는 글을 읽은 적이 있다.

 최고 시속 153km의 강속구에 예전과 다른 예리한 슬라이더로 상대 타자들을 삼진아웃 퍼레이드로 마구 유린했다는데....

 30대 중반에 접어든 나이임에도 불구하고 갑자기 위력적인 구위를 회복한 비결은 무엇일까?

 심한 허리 부상에서 회복되고 투구 폼 교정이 한 몫을 했다는 것과, 거기에서 빼놓을 수 없는 또 한 가지가 바로 마우스피스(mouthpiece)라고 한다.

 마우스피스란? 고무로 만든 물건으로, 권투경기에서 입안과 이의 손상을 막기 위하여 입에 무는 보호 기구를 말한다.

 그런데 어찌하여 박찬호 선수는 야구경기에서 마우스피스를 물고 투구를 했을까?

 야구선수들의 경우, 반복된 피칭과 타격을 할 때, 이를 악무는 습관 때문에 보통 사람들에 비해 치아가 빨리 상한다고 한다.

 필자의 경우도 예전에 웨이트 트레이닝을 꾸준히 하여 몸의 중량을 늘리고 벌크의 양을 증가시키는 훈련을 한 적이 있다.

 마지막까지 힘을 쥐어짜는 반복 기구 훈련에서 '치이팅'을 사용하며, 이를 악물어 한번이라도 더 들어 올리려는 노력을 하게 되는데, 이 때 치아가 마모되거나 손상을 입어 약해진다는 사실을 알게 되었다.

 박찬호 또한 투구를 하는 순간 온 몸의 힘을 증폭시키기 위하여 이를 악물 때마다 이가 시린 증상이 찾아왔을 것이고, 정작 힘을 줘야 하는 순간에 자신도 모르게 공 끝에 힘을 싣지 못했다는 것이다.

이러한 고민을 해결하기 위해서 고안해 낸 것이, 새롭게 맞춘 마우스피스라는 이야기다. 이로 인하여 이를 악물어도 치아 통증을 유발하지 않게 됨으로서 자연스럽게 전력투구가 가능해지고, 체중이 실린 직구는 더욱 묵직해졌으며, 변화구 또한 더욱 예리한 낙차를 보이기 시작했다는 것이다.
 이렇듯 작은 마우스피스 하나가 경기력 향상에 도움을 주기도 한다.
 마우스피스는 미식축구나 역도경기 등의 경기에서도 선수들이 자주 사용한다.
 공권유술 도관에서는 정기적으로 자체 시합을 하게 된다.
 사무실에는 항상 마우스피스가 진열되어 있어 쉽게 구입하여 사용할 수 있다.
 마우스피스는 고가에서부터 저가까지 매우 다양하다.
 대부분 5,000원 선의 마우스피스를 구입하여 사용하게 되는데, 타격 스파링은 물론이고 와술 스파링에서도 사용된다.
 와술을 하게 되면 순간적으로 힘을 끌어내야 할 순간이 많게 마련이다. 이때 이를 악물게 되면, 순간적으로 힘을 더 끌어낼 수 있기 때문에 치아를 상하게 되는 경우가 발생되며, 이를 예방하는 차원에서 마우스피스를 착용하게 되는 것이다.
 결국 마우스피스는 상대의 펀치에 이와 잇몸, 또는 입안을 보호하는 기능뿐만 아니라 운동능력을 향상시킬 수 있는 도구이기도 한 것이다.

1. 끓는 물과 차가운 물을 준비한다.

2. 마우스피스를 뜨거운 물에 10초간 담근다.

3. 뜨거운 물에서 꺼내 1초 동안 차가운 물에 담근다.

4. 마우스피스를 꺼내 윗니에 끼운다. 그리고 손가락으로 바깥쪽에서 입술을 눌러(press)준다.

5. 마우스피스를 윗니에 적절하게 맞춰준다.
   (주의 : 이 때 이빨로 물지 않는다.)

6. 마우스피스를 꺼내서 2초간 뜨거운 물에 담근 후 꺼낸다.

7. 마우스피스를 치아 뒤쪽에서 눌러서(press) 맞춰준다.
   다음에 이빨로 살짝 물어 완전히 맞춰준다.

8. 모든 맞춤 작업이 끝나면 차가운 물에 잠시 동안 완전히 담가 놓는다.

9. 완성~! 실전에 사용해 본다.

10. 스프링벅의 비극

몇 년 전, 사랑하는 제자 최병규 사범이 강남의 석촌동에 공권유술 도장을 개관하였다.

그는 공권유술에 대한 프라이드가 강하며, 애착심 또한 대단하다.

도장을 개관한 지 얼마 되지 않아 필자는 제자들과 함께 수련회를 하기 위하여 최사범의 도장으로 향했다.

고맙게도 모두들 흔쾌히 수락을 해서 제법 많은 이들이 훈련에 참가하게 되었다.

이러한 행사는 일종의 '신고식' 이나 '고사' 와 같은 성격을 띤다.

처음 도장을 개관했을 때는 수련생이 별로 없다. 일정한 기간이 지나야 관원이 어느 정도 모집이 되고, 그때서야 비로소 수련생들과 정식으로 훈련을 하게 되는데, 이 때 많은 사람들이 함께 도장으로 가서 수련을 하고, 수련이 끝나면 거리에 나가 함께 홍보물도 돌리고 식사도 함께 하면서 도장의 개관을 축하해 주는 그러한 일정이다.

그 날은 약 2시간 정도로 훈련 스케줄이 잡혀 수련을 시작하게 되었다.

공권유술의 훈련은 간단한 준비운동과 스트레칭, 그리고 발차기와 펀치에 대한 스킬을 연습하고, 대련의 기술을 연습한 후에, 입식 스파링과 와술 스파링으로 마무리를 짓는 과정으로 되어 있다.

낯선 도장에서 수련을 해서인지 모두들 열심히 하려고 하는 의욕이 대단했다.
기술훈련이 끝나고 손과 발을 사용하여 상대를 공격하는 타격 스파링 순서가 되었다.
공권유술의 스파링 훈련은 매우 안전한 시스템으로 운영된다.
그래서 남녀노소 할 것 없이 모두 스파링 하는 것을 즐거워하며 그 시간을 기다리곤 한다.
스파링은 다음과 같이 이루어진다.

스파링 하는 법

1. 날마다 스파링을 하되, 10분 안쪽으로 끝을 맺는다.
2. 자기 힘의 3분의 1 또는 2분의 1만 사용하여 마치 마라톤을 한다는 생각으로 릴랙스하게 스파링에 임한다.
3. 얼굴이나 명치와 같은 급소부분을 가격할 수 있는 찬스가 왔다고 하더라도 속도를 약간 늦추거나 타격의 힘을 조절하여 상대가 충격을 받지 않도록 배려하고, 특히 얼굴의 경우에는 충분히 맞출 수 있음에도 불구하고 타격직전에 속도를 늦추거나 상대가 방어할 수 있도록 도와준다.
4. 원칙적으로 고수와 맞수, 그리고 하수로 상대를 바꾸어가며 수련할 수 있도록 로테이션 스파링을 한다.
5. 파트너가 바뀔 때, 스파링이 시작되고 끝날 때는 반드시 상대에게 예를 갖추고 감사의 인사를 한다.
6. 자신보다 실력이 부족한 사람과 스파링을 할 때에는 상대에게 많은 공격권을 주고 상대의 실력이 향상될 수 있도록 배려한다.
7. 혹 상대의 타격에 통증을 느낀다면 바로 이야기해서 강도를 조절할 수 있도

록 부탁한다. 이것은 자존심이 상하는 일이 결코 아니다.
8. 상대를 제압하려 하지 말고, 상대와 나의 실력을 향상시킬 수 있는 스파링을 하도록 노력한다.
9. 상대에게 무례하게 굴지 않는다.
10. 시합과 스파링이 전혀 다르다는 것을 이해하고 마치 게임을 하듯 즐기면서 수련한다.

위의 10가지 규칙을 지킨다면 안전이 100% 보장될 뿐만 아니라, 정말 행복한 스파링을 할 수 있으며, 실력 또한 향상될 것임은 두말할 나위도 없다.

일반적으로 생각하길, 훈련의 강도가 세어야 실력이 향상된다고 생각하는 경향이 있는데, 이것은 잘못된 생각이다.

왜냐하면 훈련은 얼마나 세게 하느냐가 중요한 것이 아니라, 얼마나 즐겁게 하느냐가 중요한 것이기 때문이다.

공권유술 도관에서는 처음에 입문하면 스파링에 대한 여러 가지 규칙을 설명하고 반드시 숙지시킨다.

그렇게 해야지만 자신과 상대방에게 불쾌감을 주지 않고, 부상의 위험을 확실히 줄일 수 있기 때문이다.

많은 사람들이 스파링을 꺼리는 이유는, 사실 지도자의 잘못된 성향이 100% 작용된다.

많은 이들이 스파링을 실력 향상의 한 부분으로 인식하지 않고 있으며, 게임처럼 즐길 수 있는 놀이라고 생각하지 않고, 죽기 살기로 상대를 이기려고 하기 때문에 스파링이 실제의 시합처럼 되어버리는 것이다.

스파링이 시합처럼 된다면....

아버지를 죽인 원수를 대하듯 상대를 공격하게 된다.

승패가 확실히 결정된다는 것이고, 둘 중 하나는 피를 보아야 한다는 것이다.

승리의 기쁨보다 패배의 아픔이 크기 때문에, 스파링을 꺼리게 되며 자존심에 상처를 받게 된다.

더욱이 100%의 풀컨택 강도로 공격과 방어를 하기 때문에 부상의 우려가 있으며 통증이 심하다.

많은 이들이 회사원이고 학생인 점을 감안한다면, 부상은 곧 사회생활에 지장을 초래하게 되는 것이다.

더욱이 스파링은 지도자의 지시로 이루어지기 때문에, 싫든 좋든, 상대가 강하든 약하든, 스파링을 할 수 밖에 없는 상황이 많이 연출되게 된다. 이것이 오늘날 우리나라 격투도장의 실정이다.

이와 같은 상황은 초보 수련생들이 무술 수련을 꺼리는 계기가 되게 한다.

무술도장은 재미있는 곳이 아니고, 아프고 불쾌한 곳이라는 것이 뇌리에 각인되기 때문이다.

필자가 아는 ○○체육관 관장은 수련생의 실력을 향상시킨다는 이유로, 자신과의 스파링을 권유한 뒤에 이에 응하면 완전히 KO시켜 버리는 경우가 많다고 한다. 이유를 물어보면, 수련생이 건방지다는 것이었다.

그리곤 그 건방지다는 문제의 수련생은 다음날부터 자취를 감추게 된다.

문제는 이러한 일이 상당히 빈번하다는 것이다.

서울에 위치한 그래플링을 전문으로 하는 ○○체육관의 지도자는 꽤 이름이 나 있지만, 많은 이들로부터 지독한 혹평을 받고 있다.

그 이유는 수련생의 기를 죽여야 한다는 이유로 스파링 도중 탭을 하여 항복을 선언했음에도 불구하고 암바를 걸어 팔을 다치게 하거나 조르기를 넣어 실신시키는 일이 비일비재하다는 것이다.

정말 지도자로서의 자격을 의심해 볼 만한 행위가 아닐 수 없다.

이러한 행위는 수련생의 감소로 이어지게 되며, 무술훈련의 수준을 저하시키는 원인이 된다.

더욱이 수련생이 훗날 지도자의 길을 걷게 될 경우, 자신의 지도자에게서 배운 그대로의 방법으로 수련생을 대하기 때문에 무술의 선진화를 기대하기 어렵게 된다.

참으로 안타까운 일이 아닐 수 없다.

서론이 길어졌는데, 본론으로 들어가 보자!

단체훈련에 함께 참석한 수련생 중에는, 이근만이라는 조교가 포함되어 있었다.

고등학교 2학년 때부터 공권유술을 수련한 친구인데, 몇 년째 꾸준히 수련하여 현재는 블랙벨트를 획득하고 공권유술 도장의 교사라는 직책을 갖고 있다.

건장한 체격이고, 강인한 인상을 주는 얼굴과는 달리 성격이 부드럽고 인간적이며 매우 착하다. 다만 한 가지 흠이 있다면, 기분이 좋거나 불쾌해지면 금세 흥분하고 만다는 것이 흠이라면 흠이 되겠다.

옆에서 근만이의 스파링을 지켜보고 있는데, 오늘따라 숨소리가 상당히 거칠다. 씩~씩~ 뭔가 마음에 들지 않는다는 신호다. 가만 보니까, 얼마 전 새로 입관한 대학교 3학년에 재학 중이라는 최군과 정신없이 치고받는다. 힘이 과하게 실리고, 상대를 다치게 하려는 의도로 보이는 발차기가 오고갔다. 나는 다른 수련생의 수련에 방해되지 않도록 근만이를 조용히 불렀다. 그리고 물었다.

"왜 안하던 행동을 하고 그러냐?"

"그게 아니라, 강도를 약하게 해야 된다고 자꾸 이야기를 해도 저 친구가 온 힘을 다해서 팍팍 치는 것이 나를 죽이려는 의도로 밖에 안 보여서...."

"뭐 마? 그렇다고 입관한지 일주일 밖에 안 된 사람하고 한번 해 보겠다는 거냐? 뭐냐?"

"아닙니다!"

"살살, 친절히 알려주면서 해라~"

"호신~!"

고개를 갸우뚱거리며 자기의 자리로 돌아가서 근만이는 계속해서 스파링을 시작했다. 다른 수련생들의 스파링은 눈에 들어오지 않고, 나의 시선은 그 둘에게만 머물렀다.

어럽쇼?

스파링을 다시 시작한지 1분도 안돼서 또... 난리가 났다.

얼굴이 '울그락 불그락' 하는가 싶더니 과격한 발차기와 주먹치기가 오고 간다. 아무래도 안 되겠다 싶어서 '거기까지'를 외치고... 파트너를 바꾸기 위해서

'우측으로 돌아'를 실시하였다.

이럴 때는 지도자가 파트너를 바꾸어서 서로의 흥분을 가라앉히는 것이 한 방책이기도 하다.

짧은 시간이지만, 이렇게 스파링을 하면서 여러 명의 파트너가 바뀌게 되었다. 스파링을 지도하면서 발견한 한 가지 공통점은, 묘하게도 최군과 스파링을 하게 되면 모두가 얼굴이 '울그락 불그락'해지고 타격의 강도가 세지면서 흥분을 하게 된다는 것이다.

이러한 상황은 와술 스파링을 할 때도 마찬가지였다. 와술 스파링도 돌고 돌아 최군은 다시 근만이와 스파링을 하게 되었다.

최군은 입관한 지 며칠 되지 않은 완전 초보자이기 때문에, 와술 대련을 하게 되면 고단자를 이긴다는 것은 사실상 불가능에 가깝다. 그렇기 때문에 고단자는 초보자에게 대련의 방법을 알려주면서 어떠한 기술을 사용하는 것이 적합한지 시범이나 예를 보이는 것이 보편적이다.

그런데 이러한 보편적인 사실을 무시한 채, 최군은 근만이에게 헤드락을 걸고 있고, 근만이는 빠져나가기 위해서 안간힘을 쓰고 있었다.

나는 근만이를 다시 불렀다.

"너 진짜! 죽을래?"

근만이의 콧잔등에는 세 가닥의 손톱자국이 길게 나 있었다.

근만이가 땀을 뻘뻘 흘리며 말한다.

"대련하는 방법을 자세히 설명해 주어도 저 친구는 대련 방법을 배우려고는 하지 않고 상대를 어떻게든 때려눕히고 싶어 합니다. 지금도 와술하는 법을 알려주었는데, 헤드락을 걸면서 빠져나와 보라고 약을 올리는 바람에 ……"

근만이는 어쩔 수 없다는 듯이 말꼬리를 흐리며 이야기를 계속해 나갔다.

"저 친구는 여기 있는 유단자가 자기를 배려해 준다는 것을 생각하지 못하는 것 같습니다. 자신이 강하기 때문에 대련을 할 때 우리가 자기를 이기지 못한다고 생각해요."

옆에서 그 이야기를 듣고 있던 이승호 고문님이 근만이의 말을 도왔다.

"관장님이 불러서 이야기를 해 보는 것이 좋겠습니다. 최군과 대련을 하게 된 수련생들은 모두 숨소리가 거칠어져 있었습니다."

어느덧 수련에 열중하고 있던 수련생들이 동작을 멈추고 우리들의 이야기를 경청하고 있었다.

나는 '거기까지'를 외치고 최군을 불렀다. 가슴이 다 보이도록 도복을 풀어 헤친 채로 최군이 어기적거리며 다가와 짝다리를 짚고 나의 앞에 섰다.

"자네, 스프링벅이란 동물을 아나?"

"... 모르는데요!"

"지금부터 스프링벅에 대한 이야기를 해볼까 하네."

상대에 대한 배려

아프리카 남부지방에는 스프링 영양의 일종인 스프링벅(springbuck)이 살고 있다.

'가젤'의 근연종으로, 암수 모두 길이가 35cm 정도 되는 뿔이 있는데, S자 모양으로 안쪽을 향해 구부러졌으며, 마디가 있다.

당신도 한번쯤은 동물의 왕국에서 본 기억이 있을 것이다.

이놈들은 처음에는 조그맣게 무리를 지어 평화롭게 풀을 뜯다가, 점점 큰 무리를 이루게 되는데, 주로 이동을 하면서 먹이활동을 하게 된다.

스프링벅의 비극은 여기서부터 시작된다.

무리가 커지면 맨 뒤쪽에 따라가는 놈들은 뜯어먹을 풀이 거의 없게 되기 때문에, 좀 더 앞으로 나가서 다른 놈들이 풀을 다 뜯기 전에 먼저 풀을 뜯으려고 앞쪽으로 달려 나가며 선두자리 다툼을 벌인다.

앞쪽은 선두를 지키기 위해 더 빨리 달리려고 기를 쓴다.

옆으로 조금만 이동하면 이런 치열한 자리싸움 없이 뜯어먹을 풀이 얼마든지 있는데도 오직 다른 놈을 앞서려는 일념 때문에 경쟁적으로 달리는 것이다.

결국 그 속도는 점점 빨라지게 된다.

한번 뛰기 시작한 수천 마리의 스프링벅들은 질풍노도처럼 끝없이 달리고 달리다가 마침내 해안 절벽에 다다르면, 모두 바다로 뛰어들게 된다.

수천 마리의 스프링벅들이 굉장한 속도로 달려왔기 때문에, 앞에 절벽이 나타났다고 해서 급하게 정지할 수가 없기 때문이다.

그렇게 해서 매년 수천 마리의 스프링벅들이 낭떠러지에서 바다로 떨어져 죽는 사태가 발생한다고 한다.

앞을 내다보지 못한 스프링벅들의 무모한 욕심이, 나만 죽는 것이 아니라 모두가 죽게 되는 참담한 현실을 만들어 내게 되는 것이다.

이와 마찬가지로 무술을 수련함에 있어, 상대를 배려하지 못하고 나만의 즐거움이나 쾌락, 그리고 이기적인 실력 향상만을 도모한다면 오히려 나의 실력은 후퇴하게 되고 상대에게도 큰 상처와 슬픔을 준다는 사실을 잊어서는 안 될 것이다.

이야기가 끝나자, 최군은 두 눈을 껌벅였다. 그것이 무엇을 의미하는지 이해가 되지 않는다는 표정이었다.

나는 계속해서 말을 이어나갔다.

1. 도장은 예의와 매너를 배우는 곳이다.

"자네가 공권유술을 배우기 위해 입문을 하고, 도복을 지급받아 입게 되는 순간부터 배워야 할 것은, 공권유술의 기술보다 무도인의 예의와 매너가 먼저일세. 이러한 예를 배우는 것이 먼저이고, 이는 모든 무술에서 지향하는 것이네. 이것을 지키지 않으면 공권유술을 수련하는 의미가 없어지지. 무술도장에는 도장 3례가 있는데, 공권유술 도장에서도 이것을 지켜야 하네. 국기에 대한 예의, 지도자에 대한 예의, 무술인 상호 간에 대한 예의, 이러한 도장 3례는 일본의 무술도장에서 기원된 것이기는 하나, 한국의 도장에서도 반드시 필요한 예절이라고 생각하네. 특히 무술인 상호 간의 예의는 가장 필요한 것 중 하나지!"

2. 즐겁게 수련하라! 하지만 장난과는 구분을 해라!

"처음 도장에 입문하면, 낯설기 때문에 서로 간에 쑥스럽기도 하고 서먹하기도 하지만 일주일 정도 함께 수련을 하게 되면 서로 농담도 하고 웃기도 하면서 친구도 생기게 마련이네. 하지만 수련을 시작할 때와 끝날 때에는 반드시 서로 간에 인사와 예절을 지켜야 하네. 그것이 공권유술의 룰이야! 수련시간에 상호 간의 예절을 빠뜨리면 서로 불쾌해지거나 안전사고가 반드시 일어나네. 예를 들자면, 만약 자네와 평소 친하게 지내던 친한 친구와 함께 공권유술에 입문(入門)을 하고, 지도자에게서 암바와 같은 십자꺾기를 배울 때, 친구와 파트너가 되어 연습하게 되면, 아마도 자네의 훈련태도로 보아 서로 "히히덕" 거리며 장난을 하듯 기술을 연습할 것이라고 짐작이 되네. 탭을 해도 놔주지 않고, 서로 장난을 치면서 기술을 수련하게 될 수 있는데, 이럴 때 대부분 팔이 골절되거나 탈골되는 부상을 얻게 되네. 이 얼마나 무식하고 한심한 일인가? 만약 서로 한 번도 보지 못했던 모르는 사람이었다면 상대에게 실례가 되지 않도록 조심스럽게 연습에 임해서 부상이 일어나지 않았겠지?

왜 이러한 현상이 일어나겠는가? 이유는 간단하네. 서로에 대한 배려가 부족하고, 매너와 예절이 빠진 상태에서 수련을 했기 때문일세!"

3. 나의 파트너는 너무나 고마운 존재이다!

"공권유술은 대부분 파트너와 함께 본(本)을 위주로 수련을 하게 되네. 그러므로 파트너가 없다면 수련이 제대로 되지 않을 뿐만 아니라, 아예 수련 자체가 어렵게 되네. 또한 스파링을 하거나 와술 수련을 할 때도 마찬가지지! 나의 훈련을 도와 줄 파트너가 있다는 것이 얼마나 감사한 일인가 생각해 보게, 이렇게 고맙고 소중한 존재에게 무례하게 굴거나 함부로 한다면 누구든 자네와 파트너가 되어 수련하기를 꺼려하게 될 걸세. 만약 이게 싫다면 자네는 산속에서 혼자 커다란 나무토막과 함께 수련해야 할 거야"

이야기를 모두 마치자, 최군이 고개를 끄덕였다. 어느 정도 동감을 한다는 표시였다. 그는 이근만 조교에게 다가가 악수를 청하였다. 서로의 어깨를 두드려 주는 폼이 무척 근사해 보였다.

주위에서 나의 말을 경청하던 수련생들도 잘 알겠다는 표정을 지으며, 다시 와술 스파링을 시작했다.

얼마가 시간이 흘렀을까..., 근만이가 다시 씩씩거린다.

최군이 근만이의 목을 잡고 헤드락을 걸고 근만이는 여기에서 빠져나오려고 안간힘을 쓴다.

 상대를 배려하는 습관이 하루아침에 만들어지지는 않겠지만..., 그래도 노력한다는 것이 중요한 것이 아닐까?

 스프링벅들이 그래도 멸종이 되지 않은 것은 떼 지어 달려가는 대열 속에서 낙오된 몇 마리의 영양들이 남아있기 때문이다.

석촌도장 수련회

준비운동을 시작합니다. 준비운동이 철저해야 부상이 방지되고 기본체력이 다져집니다.

와술 스파링을 시작합니다. 정말 재미있습니다. 기술이나 실력보다 상대에 대한 예의나 와술의 방법을 배우게 되면 상대방이 얼마나 소중한 존재인가를 깨닫게 됩니다.

이기고 지는 것은 문제가 되지 않습니다. 얼마나 재미있게 수련하느냐가 중요하죠! 스파링 도중 언제라도 상대와 함께 자신의 기술을 상의하고 논의합니다.

자리가 좁은 듯합니다.
하지만 그게 뭐? 대숩니까?

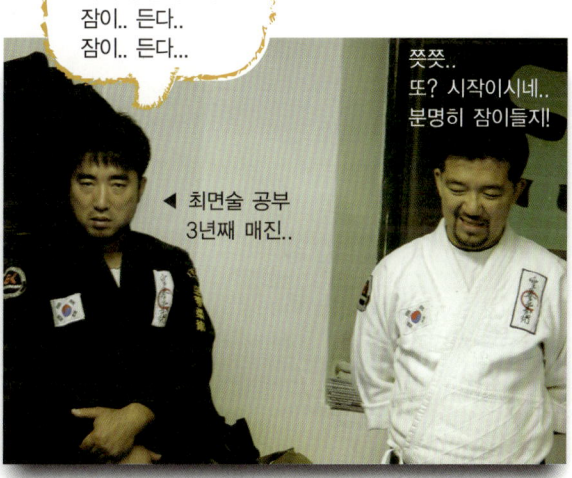

공권유술 수련에서는 일체의 부상이 없습니다. 남녀노소 누구를 막론하고 부상률 0%에 가깝습니다. 오직 100%의 즐거움만이 존재합니다.

스파링 시간입니다.

묵상을 합니다. 정좌 또한 공권유술 수련의 일부분입니다.

모든 수련이 종료되면, 오늘 이루어진 수련에 대한 평가를 하게 됩니다. 석촌도장에서의 훈련은 매우 만족할만한 훈련이었다고 말하고 있습니다.

수련이 끝나고 함께 기념사진을 찍었습니다.

11. 스승과 제자

어린 시절, 처음 팔광류 유술도장에 입문할 때, 형이 입었던 누렇게 변색된 낡은 유도복을 입고 수련을 시작했다.

도복이 너무 커서 상의는 무릎까지 내려왔고, 바지를 신발처럼 신고 다녔지만, 나에게 있어 그 낡은 유도복은 마치 잠자리의 날개옷처럼 편안했다. 수련이 끝난 후 땀으로 젖은 도복 냄새는 묘하게도 잘 삶아놓은 고구마냄새처럼 구수하기까지 했다.

일 년이 지나자, 낡은 도복은 헤질 대로 헤어져, 기우고 기운 도복은 잡기만 해도 솔기가 뜯어졌다. 새로운 도복이 필요했다.

도복이 없으면 무술을 수련하지 못한다. 그러나 가정형편상 도복비를 마련할 길이 없었다.

궁리한 끝에 신문배달을 시작했다. 그때 내 나이는 12살이었다. 눈이 내리는 엄동설한에 97부의 석간신문을 옆구리에 끼고 산동네를 오르락내리락 한다는 것이 쉬운 일은 아니었다. 일을 마치고 집으로 돌아갈 때면 땅거미가 지고 굴뚝에서 밥 짓는 연기가 피어올랐다.

조만간 새 도복을 입고 수련한다고 생각하니 힘들어도 힘든 줄을 몰랐다.

그렇게 번 돈 삼천 원을 도장의 조교에게 도복을 맞추어 달라고 부탁하며 건넸다. 그러나 어찌된 영문인지 일주일이 지나고 이주일이 지나도 도복은 지급되지 않았다. 조교는 기다리라는 말과 함께 내일, 모레하며 차일피일 미루기만 할 뿐이었다. 그 날 함께 있었던 다른 조교들에게 도복이 왜 안 오냐고 물었더니, 내 도복비를 받은 그 날, 같이 있던 친구들과 곱창에다가 소주를 사먹었다고 했다.

그 말을 듣는 순간 눈물이 쏟아졌다.

그를 만나면 그 돈이 어떻게 해서 생긴 돈인지 말해주고 싶었다.

다시 신문배달을 해서 한 달을 기다려야 할 판이었다.

이러한 사실이 며칠 뒤 나의 스승인 관장님의 귀에까지 들어갔다.

수련 중에 갑자기 들이닥친 관장님....

군데군데 기워진 도복사이로 속살이 훤히 비치는 내 모습을 보곤 얼굴색이 변했지만, 이내 나의 머리를 쓰다듬어 주었다. 불호령이 떨어졌다. 도복값으로 소주를 사 먹었던 조교를 불러들이고 친구들도 함께 기합을 받았다. 죽도로 사정없이 빳다를 쳤다. 몇 명은 쓰러졌고 다시 엎드려뻗쳐를 시켰다. 난생 처음으로 그렇게 무서운 얼굴을 한 관장님을 보았다.

다음날 도장에 들어갔을 때, 도복을 걸어놓는 나의 자리에 낡은 도복대신 새로운 도복이 걸려 있었다.

띠에 단단히 묶여진 도복을 풀러 도장의 바닥에 펼쳐보았다.

눈부시게 새하얀 도복이었다.

너무나 멋진 도복이었는데, 눈물이 마구 쏟아졌다.

이상하게도 자꾸 눈물이 흘렀다.

그 날 이후로 난 도복을 소중히 여기는 버릇이 생겼다.

아무리 오래된 도복이라도 쉽게 버리지 못했다.

삼일에 한 번 씩은 도복을 깨끗이 빨아 입었고, 불혹[不惑]의 나이가 된 지금도 수련이 끝나면 제자들에게 시키지 않고 언제나 도복정리는 내손으로 직접 했다.

요즘 도장의 탈의실에 들어가면... 불쾌할 정도로 마음이 좋지 않다.

많은 수련생들이 자신이 입었던 도복을 스스로 정리하지 못한다.

도복의 띠는 아무렇게나 내팽개쳐져 있고, 옷걸이에 걸어 놓지 않은 도복들이 바닥에 뒹군다. 심지어는 도복을 그대로 벗어놓고 몸만 빠져나가는 수련생들도 있다. 유단자나 유급자 모두 도복이 얼마나 소중한 것인지를 실감하지 못한다.

탈의실의 벽면에 붙여놓은 "자신의 도복은 스스로 잘 챙기세요!"라는 문구가 무색하다.

아무렇게나 널브러진 도복을 옷걸이에 걸어놓고 나오는 내 마음이 유쾌하지 않다.

공권유술 도장을 마치 동네의 헬스클럽쯤으로 여기는 것 같아 마음이 편치 못하다.

어떤 수련생은 도복을 세탁하기 위해 집에 가져갈 때, 도복을 아무렇게나 비닐봉지에 구겨 넣어 가지고 간다. 한쪽으로 띠가 삐져나오고 부피를 줄이기 위해서 발로 밟는다. 그것이 걸레인지 도복인지 알 수가 없다.

몰라서 하는 행동이라고 생각은 하지만, 해도 너무한다.

수련생은 공권유술을 단순히 취미생활로 즐기면서 기술을 익힌다고 생각할지 모르지만, 나에게 있어서 공권유술이란? 자존심이고, 생활 그 자체이며, 종교와 같다. 그러므로 제자와 스승이 함께 공권유술을 수련함에 있어서는 결례[缺禮]를 범하지 않도록 노력해야 하는 것이다.

1. 도복은 두 벌 이상을 구입하여 삼일에 한 번씩은 세탁을 한다. 이것은 자신의 파트너에게 지저분한 땀 냄새로 인한 불쾌감을 주지 않기 위해서이며, 또 선배나 스승과 함께 수련을 할 때 지켜야 하는 예의이기도 하다.
2. 수련이 끝나면 도복을 잘 정리하여 옷걸이에 걸어 놓는다. 만약 여의치 않다면 가지고 다녀도 좋다. 사실 이 정도도 할 수 없다면 공권유술을 수련할 자격이 없다. 스승이나 사범이 제자의 도복을 정리해주는 상황이 연출되게 하는 것은 배우는 사람의 자세가 아니다.
3. 도복을 집으로 가지고 갈 때는 도복을 제대로 개켜서 가지고 가야 하며, 아무렇게나 구겨 넣어 가지고 가는 것은 결례가 된다.
4. 검은색의 띠는 자주 세탁하지 않는다. 검은 띠를 딴 지 6개월도 안된 유단자의 띠 색깔이 하얀색으로 바랜 것을 본 적이 있다. 무력을 높여 보이게 하는 싶은 것이라 짐작된다. 심지어는 일부러 탈색시키는 경우까지 있는데, 이것은 그의 선배나 스승에게 큰 결례가 된다.
5. 자신의 띠 색깔 보다 낮은 빛깔의 띠를 매는 것은 바보 같은 것이다.
옷을 세탁하고 띠를 실수로 안 가져 왔을 때는 부득이하게 다른 띠를 착용할 수 있다. 이 때 자신의 띠보다 낮은 급수의 띠를 매는 경우가 종종 있는데, 이는 정말 바보 같은 행동이며, 스승에게 결례가 된다.
6. 찢어진 도복이나 뜯어진 도복을 착용하는 것은 수련생 전체에게 결례가 된다. 수선하여 입던지 새로운 도복을 구입하는 것이 원칙이다.
7. 공권유술은 타류의 무술과는 달리 도복 안에 티셔츠를 입는 것은 좋은 매너

이다. 그러나 빨간색, 노란색 등 총 천연색의 티셔츠에 미키마우스 같은 만화그림이나 뜻을 알 수 없는 영문 티셔츠를 도복 안에다가 받쳐 입는 것은 결례가 된다.

가장 좋은 것은 공권유술협회에서 제작한 단체 티셔츠를 입는 것이고, 이것이 없다면, 하얀색 티셔츠를 받쳐 입는 것이 좋다.

회비내고 운동하니까....
도장물품 사용하고 수업 받으면 그만이지...라고 생각하는 사람들이 꽤 많다. 맞는 말이다.
하지만 무술이란... 스승과 제자의 관계가 분명하고, 스승이 없는 무술인이란 있을 수 없다는 점에서, 어떠한 교육에서보다 스승과 제자 간의 예가 중시된다.
아무리 취미생활이고, 즐기면서 하는 무술수련이지만 배우는 사람의 태도가 무례하다면, 지도자가 정성을 다하여 성의 있게 지도할 수 있을까? 하는 생각을 가져본다.
지도하는 사람은 제자의 기술과 실력이 발전하는 것에 보람을 느끼지만, 무술 수련과 더불어 제자의 생각하는 바가 넓어지고, 공손함과 예의 등이 자라는 것에 더욱 큰 보람을 느낀다.
사랑스러운 제자가 되든지, 단순한 수련생이 되든지, 그것은 전적으로 수련생 본인에게 달렸다.
옛날부터 나는 스승을 꼭 한 분만 모시고 수련을 할 필요는 없다고 생각했다. 그러한 마인드를 가지고 나는 여러 종류의 무술을 수련했으며, 각기 다른 스승을 모시고 수련을 했었다. 하지만 타 무술을 수련하기 위해서는 방법의 문제를 생각해 보아야 한다.
특히 유단자들이 눈여겨볼 대목이다.
우선, 타류의 무술을 시작하고자 할 때는 반드시 현재 자신이 하고 있는 무술의 스승에게 허락을 받는 것이 중요하다. 만약 스승의 허락을 받지 않고 어느 날 갑자기 수련장에 나오지 않는다면, 이는 옳지 않은 행동이다.

타 무술로 전향할 때, 많은 이들이 현재의 스승을 다시는 안 볼 것이라고 생각하지만 무술계는 작은 손바닥과 같다.

계속해서 무술을 연마한다면, 좋든 싫든 과거의 스승과 자주 마주치게 된다. 무술인으로서 다른 무술인들에게 나쁜 이미지를 줄 수 있다. 도리[道理]상으로도 새로운 스승에게 가르침을 받는다고 해서 과거의 스승을 잊어서는 안 된다.

잘 생각해 보라! 내가 기억하는 스승이 아니라, 자신을 기억하는 스승이 한 분도 없다면 아무리 좋은 스승을 찾아다녀도 좋은 가르침을 받지 못한다. 많은 이들이 착각하는 것이 제자가 좋은 스승을 찾아다니며 선택한다고 생각하지만, 잘못된 생각이다. 스승은 내가 그를 스승으로 불러서 되는 것이 아니라, 스승이 나를 제자로 인정해 주어야지만 '스승과 제자'라는 관계가 성립된다.

좋은 스승을 찾는 안목도 중요하지만, 좋은 제자가 되려면 어떻게 해야 하는지를 생각하고 실천하는 것이 더욱 중요하다.

'스승과 제자는 인연(因緣)으로 맺어진다.'라는 말들을 한다. 그래서 인연이란 정확히 무엇을 뜻하는지 나름대로 조사를 해보았다.

이 간단한 하나의 단어는 여러분에게 설명하기도 힘들 정도로 매우 복잡했다. 그래서 쉬운 말로 풀어 보겠다. '인연'이라는 말은 불교에서 온 말인데, 인(因)과 연(緣)을 아울러 이르는 말로, 결과를 만드는 직접적인 힘과 그를 돕는 외적이며 간접적인 힘이라는 것이다. 간단하게 설명했지만 그래도 복잡하다.

우리들이 흔히 하는 이야기 중에 '옷깃을 스치는 것도 인연(因緣)'이라는 말이 있다. 옷깃을 한 번 스치는 것도 우연히 일어나는 일이 아니라는 것이다. 인연의 겁(劫)이란 것이 있는데, 여기서 겁이란?

불교에서 시간을 나타내는 것으로 범어로는 kalpa이며 범천의 하루가 1겁이다. 1겁은 곧 인간 세계의 4억 3천 2백 만년을 일컫는다.

결론적으로 겁(劫)이란 연, 월, 일을 알 수 없는 긴 시간을 이르는 말이다.

보편적으로 사방이 40리가 되는 바위를 선녀가 3년마다 내려와 옷깃으로 한 번씩 스쳐서 바위가 모두 닳아 없어지기까지의 시간을 1겁(반석겁)이라 한다.

* 500겁은 옷깃을 한 번 스친다.
* 1천겁은 한 나라에 태어난다.
* 2천겁은 하루 동안 길을 동행한다.
* 3천겁은 하룻밤을 한 집에서 잔다.
* 4천겁은 한 민족으로 태어난다.
* 5천겁은 한 동네에 태어난다.
* 6천겁은 하룻밤을 같이 잔다.
* 7천겁은 부부가 된다.
* 8천겁은 부모와 자식이 된다.
* 9천겁은 형제자매가 된다.
* 1만겁은 스승과 제자가 된다.

옷깃을 한 번 스치는 정도가 500겁이라니…, 스승과 제자의 인연이 1만겁(생)에 해당하는 인연이라니, 세상에서 참으로 귀한 인연이다.

스승과 제자의 인연을 가장 높게 본 것은, 육신은 부모로부터 받지만, 마음이 새로운 눈을 뜨는 데에는 스승의 가르침이 필요하기 때문이다.

*상식 한마디

겁(劫)에는 개자겁, 불석겁, 증감겁이 있다.

① 개자겁(芥子劫): 사방이 40리가 되는 공간 안에, 눈에 띌까 말까한 겨자씨를 가득 넣고, 장수하는 천인(天人)이 3년에 한 알씩 가져가서 그 수가 다하는 기간을 말한다.

② 불석겁(拂石劫): 반석겁이라고도 하는데, 사방이 40리가 되는 바위가 있다고 가정하고, 장수하는 천인이 있어 3년에 한 번씩 무게가 삼주 되는 천의(天衣)로 둘레를 한 바퀴 스쳤을 때 그 바위가 다 닳아 없어지는 기간을 말한다.

③ 증감겁(增減劫): 인간의 수명에 따른 정의인데, 인간의 수명은 10세에서 8만 4천세까지, 8만4천세에서 10세까지 백년에 한 살씩 증감 또는 감한다고 하였다. 증하는 기간을 증겁, 감하는 기간을 감겁이라 하며, 증감을 합해 증감겁이라고 한다.

스승과 제자의 도리

제자가 스승을 공경하고 받드는 데에도 다섯 가지 도리가 있다.
어떤 것이 다섯인가?
첫째는, 필요한 것을 가져다 드리는 것이다.
둘째는, 예경하고 공양하는 것이다.
셋째는, 존중하고 우러러 받드는 것이다.
넷째는, 스승의 가르침이 있으면 경순하여 어김이 없는 것이다.
다섯째는, 스승에게 법을 듣고는 잘 지녀서 잊지 않는 것이다.
제자는 마땅히 이 다섯 가지의 법으로써 스승을 공경하고 섬겨야 한다.

스승도 다섯 가지 도리로써 제자를 잘 보살펴야 한다.
첫째는, 법에 따라 다루는 것이다.
둘째는, 듣지 못한 것을 가르쳐 주는 것이다.
셋째는, 묻는 것에 대한 뜻을 알게 해주는 것이다
넷째는, 착한 벗을 사귀게 하는 것이다.
다섯째는, 아는 것을 다 가르쳐 주어 인색하지 않는 것이다.

제자가 스승을 존경하여 그의 뜻에 따르고 공양하면 그는 안온하여 걱정이나 두려움이 없을 것이다.

12. 자신의 실력을 극대화 할 수 있는 요령

이천목, 33살의 총각으로 용산전자상가에서 디지털 사진기나 MP3와 같은 전자기기를 판매하는 사장님이다.

온순한 성격으로 수련에 적극적으로 참여하고 있다.

현재 빨간 띠의 레벨을 보유하고 있으며, 공권유술을 즐길 줄 아는 마니아이다.

그가 거울을 보면서 발차기를 하고 있다. 학처럼 우아하거나 바람처럼 빠르지는 않지만, 그래도 열심히 수련한 티가 날 정도는 된다.

"휴~ 거 참… 이상하다…?"

땅이 꺼져라 한숨을 쉬는 소리가 찻길 건너편에 아파트를 짓고 있는 공사장 인부에게까지 들릴 듯하다.

그는 묘한 행동을 취하고 있었다. 발차기를 한 번 하고는 연신 이상하다며 고개를 갸웃거린다. 그리곤 내가 있는 쪽을 향하여 고개를 돌려 확인한다.

"관장님! 저 발차기 폼이 이상하죠?"

"응…."

나의 단답식 대답에 김이 빠졌는지 이내 다시 고개를 돌리고 거울 속 자신의 얼굴에 발길질을 해댄다.

이번에는 주먹치기를 한번 하고 도복의 매무새를 추스르고는 중얼거리듯 묻는다.

"이상하네…?? 관장님! 원투 스트레이트 폼도 어딘가 엉성하죠?"

"딩동댕~♪"

나는 대답 대신 전국 노래자랑에서 아마추어 가수가 합격을 했을 때 들려주는 실로폰소리를 입으로 흉내 내었다.

'너무나 멋진 폼을 가지고 있다'라는 말을 기대하기라도 했는지, 이내 실망한 표정을 짓는다.

이상한 녀석이다.

처음에는 별로 대수롭지 않게 생각하고 있었는데, 그 녀석의 행동이 자꾸 눈에 들어온다.

아니나 다를까? 나와 눈이 마주치자, 그가 성큼성큼 다가와 묻는다.

"관장님 이상합니다!"

"뭐가? 난 니가 더 이상해!"

"제가 공권유술 도장에 와서 수련한 지가 이제 6개월 정도 되었잖습니까?"

"…? 그래서?"

"그 때 함께 입관한 원우는 586 펜티엄급이고, 저는 286 구식 컴퓨터라는 인상을 지울 수가 없습니다."

"그건 또 무슨 뜬금없는 소리냐? 니가 나한테 586펜티엄 컴퓨터를 사달라고 말하려는 거냐? 아니면 너의 머빡이 돌이라는 것을 어필하고 싶은 거냐?"

그 녀석이 내게 말하고자 하는 정확한 의도가 무엇인지 감을 잡지 못하고 있었지만, 나의 경험으로 미루어 짐작해 볼 때 이런 녀석일수록 이상한 질문을 마구 쏟아내게 되어 있다. 마치 거미 똥꾸녁에서 거미줄을 뽑듯이 줄줄이 질문을 뽑아내서 나를 당혹케 하리라….

예를 들어 '손가락으로 눈을 쑤시면 눈알이 손가락 끝에 박혀서 뽑혀 나올까요?'라는 질문이나 무술의 최고경지에 이른다면 칼로 아무리 배를 찔러대도 피가 한 방울도 흘러나오지 않는 금강불괴의 경지에 도달할 수 있을까요?'라는 약간은 짜증이 밀려오는 유형의 질문들 말이다.

탁! 대놓고 말해서, 이렇게 엉뚱하게 진지한 스타일은 내가 아주 못마땅해 하는 유형 중의 하나이다.

녀석이 말꼬리를 잡고 흔든다.

"그게 아니고요랠를를.. 6개월 전에 나는 원우랑 똑같이 입관해서 똑같은 훈련을 받고, 똑같은 기술을 배웠는데, 어째서 원우는 실력이 586 펜티엄급으로 업그레이드가 되고, 저는 286도 모자라 주판(籌板) 수준의 실력으로 남아 있는지 그게 이상합니다!"

"그게 이상하냐?"

"그게 이상합니다! 그렇다고 제가 수련을 게을리 한 것도 아니고, 아직까정 농땡이 친 적도 없고…, 관장님도 잘 아시지 않습니까? 저 열심히 하는 거… 그런데 어째서 '듬성듬성' 수련을 하는 둥 마는 둥 하는 원수는 '펄펄' 날고 저는 '벅벅' 기어 다니는지…, 그게 이상하지 않으면 어떤 게 이상합니까?"

"이노미…? 어째 말투룩광광광광광광광광광광광광광광광광나에게 그 책임을 묻는 거냐?"

"그게 아니라… 하도 이상해서…"

일리 있는 말이며, 이것은 비단 그에게만 일어나는 현상은 아니다.

무술도장에서 수련을 하다 보면 누구나 한 번씩은 겪는 딜레마(dilemma)인데, 무술수련을 그만둘 수도, 그렇다고 실력이 향상되지 않음에도 계속해서 소처럼 우직하게 수련할 수도 없는 진퇴양난의 상황이 계속된다.

나도 소시 적에는 분명 이와 비슷한 일로 이상하다며 고개를 갸웃거리던 일이 있었으리라.

나는 대답했다.

"공권유술을 수련함에 있어서 똑같은 훈련시간을 투자해서 똑같이 기술을 배우고, 똑같이 체력훈련을 했음에도 불구하고 서로 간의 실력 차가 다르게 나타날 수 있지. 어떤 이는 운동신경이 좋아서일 수도 있고, 또 어떤 이는 집중력이 좋아서일 수도 있어. 그것도 아니라면 남들보다 더 많은 무술연습을 해서일 수도 있겠지. 내 경우를 예로 들어 보더라도, 남들보다 운동신경이 특별히 좋은 편도 아니고, 그렇다고 대단한 노력형도 아니야. 번뜩이는 천재성을 지닌 것도 아니라고 생각하지. 나는 내 스스로의 능력을 잘 알기에, 내 실력을 극대화 할 수 있는 어떠한 요령이 없는가에 대해 연구를 했다. 그래서 생각해 낸 것이 내 나름대로의 계획적인 수련 방법이지!"
 말이 끝나기가 무섭게 그가 칭얼대기 시작했다.
"제가 원하는 것이 그겁니다요! 가르쳐 주세요."

 초보자들은 지도자나 선배들이 조언을 해 주어도 한쪽 귀로 듣는 즉시, 한쪽 귀로 흘려버리는 기막힌 재주를 가지고 있다.
그럼에도 불구하고 나는 천목 군에게 초보자들이 간과할 수 있는 몇 가지의 능력 향상 방법을 조언해 주었다.

1. 자신과 호흡이 잘 맞는 파트너를 구한다.
 이것이 공권유술을 수련함에 있어서 자신의 실력을 가장 극대화 시킬 수 있는 최고의 방법이다. 그리고 나는 이것을 맹신한다.
 지금은 작고하셨지만 예전 '대야망'이라는 만화를 그려낸 고유영 화백, 그리고 이후에 방학기 화백의 '바람의 파이터' 모두 극진가라데의 최영의 선생을 일화로 그려진 만화책이다.
 그 내용 중에 빠지지 않고 등장하는 장면이 최영의 선생의 산중 훈련 장면이다. 고된 훈련으로 머리카락이 한 줌씩 빠지고, 밤에는 산짐승의 울부짖음에 시달리며, 혼자서 혹독한 수련을 한다는 내용에 감명을 받은 나는 정말로 산속으로 들어가 산중 훈련을 한 적이 있었다. 그러나 3개월을 못 버티고 산을 내려오게 되었다.
 산에서 내려와 내가 가장 먼저 한 일이 가까운 중국집에서 자장면을 시켜 먹은 것이었다. 이렇게 맛있는 자장면을 3개월 동안이나 먹지 않고 지내다니... 미치지 않고서야 어떻게 그런 짓을 ...

도사가 되겠다고 산속으로 들어간 나의 행동이 아직도 믿기지가 않는다. 어쨌든 그 이후부터 나는 도장에서 수련하는 것이 가장 편안하고 안전하며, 가장 빠른 기술습득과 실력을 보장받는 길이라고 믿고 있다.

만약 당신이 무술의 최고경지인 입신의 경지에 오른 사람이 아니라면, 산속에 들어가 수련을 한다거나 책 몇 권을 스승으로 모시고 수련하는 방법을 택하는 것이 얼마나 무모한 생각인지를 알게 하고 싶다.

도장에서 스승을 모시고 무우(武友)들과 함께 훈련하는 방법이 최고의 방법이며, 이것보다 더 좋은 방법은 없다. 그리고 여기서 한 가지 더 덧붙인다면 도장 내에서 같은 시간대에 수련하며 자신과 가장 마음이 잘 맞고 기량도 비슷한 훈련 파트너를 구해야 한다는 것이다.

이것은 대단히 중요하다.

필자의 경우 언제나 훈련파트너를 구해서 함께 연습을 했는데, 서로 간의 경쟁을 유도하여 동기 유발의 계기를 지속적으로 만들어 내었다. 이것은 곧바로 실력 향상으로 이어졌다.

훈련파트너는 코칭미트를 잡아주고 메치기를 함에 있어서 낙법을 쳐주며, 기계체조를 함에 있어서 부상이 일어나지 않도록 보조해 주고, 와술이나 대련에서 여러 가지 기법의 훈련을 함께 해 나갈 수 있다. 이러한 것들은 훈련파트너가 없이 혼자서는 할 수 없는 훈련 내용들이다.

그러므로 자신과 호흡이 잘 맞는 파트너를 구한다는 것이 얼마나 중요한 것인가를 알아야 한다.

최영의 선생의 산중훈련 일일계획표

04시 : 기상.
　　　　묵상 10분.
　　　　산 정상까지 구보 (Dash이므로 전력질주임) 왕복 2시간 설정.
07시 : 1시간 동안의 휴식을 겸한 식사준비.
08시 : 아침과 점심을 겸한 식사.
09시 : 연습 시작(아래의 순서를 10회씩 반복).
　　　　1. 바벨 (60Kg) 들기 : 20회.
　　　　2. 팔굽혀펴기 : 20회.
　　　　3. 역(逆) 팔굽혀펴기 : 20회.
　　　　4. 평행봉에서(붙잡고) 팔굽혀펴기 : 20회.
　　　　5. 단련대(마끼와라) 좌우정권지르기 : 20회.
11시 : 형 (가타; 품세, 투로) 연습 100회 – 하루에 하나를 100회 실시.
14시 : 중량물(무거운 것) 들기.
　　　　팔굽혀펴기 1000회.
　　　　(2손가락-200회, 3손가락-200회, 4손가락-200회, 5손가락-400회)
15시 : 대련연습, 줄 타고 오르기, 복근운동 200회, 역복근운동 200회,
　　　　단련대 지르기 및 자연석 격파법 연구, 산길 중간 중간 나무에 짚을
　　　　감아놓고 달려가면서 차고 지르기 – 20회 반복.
17시 : 저녁준비 및 식사.
이후 시간 : 종이에 그린 원을 보면서 명상을 하거나 독서.
* 종종 훈련이 격했던 날은 식사 후 쓰러져 잤다고 함.
22시 : 취침.
* 자료제공 : 그냥 인터넷에서 쉽게 찾을 수 있음.

　위의 훈련내용을 살펴보면, 최영의 선생이 산속에서 혼자훈련 하는 것이 가능했던 이유를 알 수 있다. 훈련 계획표의 내용은 대부분 혼자서도 수련이 가능한 체력훈련으로 이루어져 있고, 정권단련이나 구보 같은 비교적 단순한 훈련으로 이루어져 있다는 것을 알 수 있다. 하지만 전반적으로 살펴보면 살인적인

연습량이 아닐 수 없다. 식사는 하루 두 끼로만 해결을 하고, 강도 높은 훈련을 8시간씩 소화해 냈다는 이야기다.

나는 이것이 정말로 가능할까에 대한 궁금증으로 위에 있는 훈련프로그램처럼 실시해 보기로 했다. 결과는 단 몇 시간도 소화해 낼 수 없는 프로그램이라는 것이 확인되었다.

아침에 일반 평지가 아닌 산꼭대기를 향해 전력 질주로 2시간 동안 뛰어다니고, 이후의 훈련 양을 소화해 낸다는 것은 일반인들은 상상도 할 수 없을 것이다. 만약 현대스포츠 전문가가 이러한 훈련계획표를 본다면 고개를 절레절레 흔들 것이라고 생각한다.

왜냐하면 보통 엘리트 체육 선수들의 경우, 하루 4끼 이상의 고단백 식사를 하게 되고, 훈련 중간에 단백질 쉐이크 같은 보충제를 섭취하여 고갈된 체력을 회복시킨다. 더욱이 근육운동은 충분한 휴식을 취한 후에 해야 더욱 효과적이며, 그렇게 해야지만 근육의 크기(bulk)를 키우고 힘을 증가시킬 수 있다. 만약 위와 같은 훈련계획표대로 수개월을 반복하게 되면, 몸무게가 급격히 줄고 원기가 모자라게 되며, 훈련의 강도가 저절로 낮아지게 되어, 훈련 효과 또한 낮아지게 되어 있다.

위와 같은 훈련은 최영의 선생처럼 의지나 집념, 강한 투지가 없다면 소화하기 어려운 훈련이다. 일반 수련생들은 하루 1~2시간 정도의 훈련을 하는 것이 좋고, 체력 훈련만을 전문적으로 하는 것보다는 기술을 습득하는 과정에서 자연스럽게 체력 훈련으로 이어지는 프로그램이 유리하다. 그것이 재미와 기술, 그리고 체력을 한꺼번에 상승시킬 수 있는 가장 확실한 방법이기 때문이다.

2. 자신의 폼을 교정하기 위해, 거울을 이용한 허공연습을 많이 한다.

공권유술협회 수련관은 근사하고 완벽한 편의시설을 구비해 놓은 것은 아니지만, 항상 깨끗하게 청소가 되어 있고, 가족과 함께 하는 것 같은 편안한 분위기에서 상대를 배려하며 수련을 해 나간다. 특히, 수련관은 처음 개관할 때부터 커다란 전신거울을 한쪽 벽면 전체에 부착해 수련 동작을 체크할 수 있도록 하였다.

요즈음의 무술도장들은 거울을 아주 작게 부착하거나, 아예 거울이 없는 도장도 상당히 많다고 한다. 이유는 어린 학생들이 거울을 자주 깨뜨리기 때문에, 안전사고에 대비하기 위해서이기도 하지만, 그것을 갈아 끼우는 비용이 만만치 않기 때문이라고 한다.

모든 격투는 폼이 우선이다. 만약 거울이 없다면 누군가 계속해서 자신의 동작이나 폼을 지켜봐 주어야 하며, 교정에 대한 조언을 받아야 한다.

이것은 사실상 매우 힘든 일이다. 하지만 전신 거울이 완벽하게 구비되어있다면 언제든 자신의 동작이나 폼을 스스로 확인할 수 있으며, 쉽게 교정이 가능하다. 이것은 곧 실력향상으로 이어진다.

거울을 통해 자신의 잘 생긴 얼굴과 멋진 몸을 감상하는 것도 좋지만, 무엇보다 중요한 것은, 거울에 비치는 자신의 동작과 폼을 훈련의 중요한 스승으로 생각해야 한다는 것이다.

특히, 주먹으로 치는 동작이나 발로 차는 동작은 폼이 매우 중요하다. 이러한 허공연습은 거울을 보면서 하는 것이 가장 효과적이다.

3. 샌드백이나 코칭미트로 연습한 후에는 반드시 사람을 상대로 연습한다.

샌드백의 경우는 언제든 시간에 구애 받지 않고 자신의 타격기술을 연습할 수 있다는 최고의 장점을 가지고 있다.

필자 또한 오래전부터 샌드백을 애인처럼 여기며, 친하게 지내고 있다.

도장에 들어서면 먼저 몸을 풀고 바로 샌드백 곁으로 간다. 그리곤 한 시간이든 두 시간이든 혼자서 샌드백을 독차지했었다.

샌드백 치기는 혼자서 할 수 있는 가장 간편하고 쉬운 훈련이다.

많은 사람들이 샌드백을 이용하는 가장 큰 이유는, 손과 발을 이용하여 때리고 차기를 반복하면서 근력을 기를 수 있기 때문이며, 이러한 반복 훈련을 통해 손과 발을 이용한 직접적인 파괴력 향상에 도움이 되기 때문이다.

코칭미트는 파트너와 함께 수련하는 훈련법이다.

왼손과 오른손에 각각 한 개씩의 미트를 착용한 후, 그것을 치거나 때리는 연습을 하는 것이다.

반드시 훈련 파트너가 필요하다는 번거로움이 있지만, 정확도와 타격의 감각을 익히기 위한 최고의 훈련법이다. 미트를 치다보면 박자의 감각이 생기고, 마치 드럼을 두드리듯 리듬을 타게 되는데, 이것은 격투 대련에서 필요한 타이밍의 원리를 이해하는데 큰 도움이 된다. 그러나 이러한 훈련을 한 후, 실전 스파링을 위하여 사람과 사람이 직접 마주보며 치거나 때려보는 연습이 반드시 필요하다.

비록 대련이 아니더라도 자신의 힘 절반만을 사용하여 움직이는 사람을 맞추어 보라는 이야기다. 또한 상대의 반격에 반응하여 대응하는 법을 익히는 것이 좋다.

샌드백은 사람처럼 움직이지 않고 다만 천정에 '대롱대롱' 매달려 있을 뿐이다. 이 녀석은 당신의 어떠한 공격도 모두 감수한다. 오죽하면 권투시합에서 일방적으로 얻어맞은 선수에게 마치 샌드백처럼 얻어터진다는 표현을 쓰겠는가?

미트 또한 당신을 반격할 수는 없다. 그러므로 움직이는 상대와 직접 몸으로 부딪치며 훈련하는 것이 가장 좋은 방법이 된다.

많은 초보자들이 단순히 샌드백만 치거나 코칭미트만을 두드리곤, 무엇이 그리 급한지 곧장 집으로 돌아간다. 이렇게 해서는 좋은 훈련효과를 거둘 수 없다. 마음에 맞는 파트너와 스파링을 하도록 하자!

샌드백 훈련에서 얻어진 콤비네이션 기법이나 코칭미트에서 수련한 정확한 폼을 구사하며 상대를 공략해 보는 것이다.

단언하건데, 이것을 반복하면 당신의 실력 향상은 보장된다.

처음에는 자신의 실력이 향상되고 있다는 것을 느끼기 어렵다. 꾸준한 수련을 하다보면 반복 훈련을 통해 다져진 기술과 몸의 움직임이 어느 날부터인가 저절로 무르익기 시작해 실력이 부쩍부쩍 치솟아 오르기 시작한다.

자기 스스로도 주체하지 못 할때가 있다. 비가 온 뒤 쑥쑥 자라나는 우후죽순(雨後竹筍)처럼 기술이 향상된다. 어떤 때는 이러한 현상들이 무섭기까지 하다. 그러나 너무 기뻐하지 마시라.... 몇 달 또는 몇 년 후에 기술 향상의 정체기를 맞이하게 되는데, 이는 당연한 사이클이다. 누구든지 정체기와 상승기가 맞물리게 되며, 이것을 극복해 나가며 수련하는 지혜가 필요하다.

4. 풋워크나 스텝에 정진하여 수련한다.

공권유술 시합은 정통 무술과 현대적 감각에 맞게 개발된 룰에 의해 치러진다. 주먹으로 치고 발로 차며, 붙으면 넘기고 그 후에도 계속해서 꺾기나 조르기를 해서 상대의 항복을 받아내는 경기이다.

만약 당신이 공권유술 시합에 출전하였다면 어떻게 할 것인가? 어린아이가 씹다버린 단물 빠진 껌처럼 제자리에 꼼짝 않고 그 자리에 서 있을 것인가? 어찌 되었건 상대의 공격을 피하려고 뒤로 물러서든 아니면 일격필살의 각오로 상대에게 달려들던지 결국은 몸을 움직일 것이라고 생각한다. 이렇게 발을 움직이는 것이 푸트워크이다. 별거 아니다. 하지만 중요하다.

이 '풋워크'의 최고 경지를 보여주는 운동은 아이러니하게도 '손'만을 쓰는 복싱이다. 복싱의 경기 룰은 당신도 잘 알다시피 무술이나 킥복싱과 같은 발차기 기술을 쓰는 것이 아니라, 오직 손으로만 싸우게 된다.

일반적으로 생각할 때, 복싱은 손으로 상대를 때리기 때문에 발의 훈련보다는 손의 훈련에 더 많은 시간을 투자할 것이라고 생각할 것이다.

천목이도 거울을 보며 자신의 펀치에 대해 잘못된 폼을 교정하거나 가다듬는다. 그가 자신의 실력을 향상시키지 못하는 가장 큰 이유는 거울을 이용하여 수련할 때 핵심 포인트를 놓치기 때문이다.

예를 들어, 주먹의 동작이나 상체의 흔들림 허리의 움직임과 같은 여러 가지의 폼에는 신경쓰면서 정작 가장 중요한 발의 움직임은 아예 신경조차 쓰지 않는 다는 것이다. 그리곤 잘생겼다고 스스로 믿는 자신의 얼굴만을 자주 확인한다.

하루에도 수십번씩 코를 벌름거리며 거울을 쳐다보는 도중에 단 한번이라도… "관장님! 저의 발놀림이 정확한 것인지 봐 줄 수 있는지요?…."라고 묻는다면 풋트워크의 중요성을 충분히 이해할 수 있음에도 불구하고 그냥 죽어라 정권지르기와 발길질을 해댄다. 이것은 기량향상의 저하를 만들어낸다. 비단 복싱의 풋워크가 아닌 태권도, 유도, 레스링, 쿵푸 등과 같은 대부분의 무술기법들은 상대에게 치고 들어가는 동작과 빠지는 동작 그리고 옆으로 몸을 이동하는 동작과 상대의 펀치에 반응하여 피하고 공격하기 위한 스텝이 지속적으로 발전되어 왔다. 그러한 이유는 공격과 방어에서 사용되는 대부분의 동작은 풋워크에서 나오기 때문이다.

5. 대련을 할 때에는 안전을 최우선으로 하며, 정강이 보호대, 헤드기어나 몸통보호대 같은 기구를 착용한다.

당신도 한 번쯤은 경험해 보았을 것이다.

초등학교 시절…

해가 넘어가고 땅거미가 질 무렵, 동네 어귀의 골목이나 넓은 공터에서 동네 아이들과 야구를 해 본 경험 말이다.

그 때 사용하던 야구공은 지금의 프로선수들이 사용하는 공과는 다르다.

문구점에 가면 쉽게 살 수 있었으며, 연식 야구공이라고 불리는데, 실제의 야구공처럼 실밥이 보이는 것이 아니라, 플라스틱 재료와 섞인 듯한 재질의 고무를 통짜로 찍어낸 것으로 비교적 딱딱하고 묵직한 공이다.

한 아이가 야구배트와 몇 개의 글러브를 가지고 오면, 편을 나누어 야구를 시작한다. 하지만 야구를 시작하기도 전에 문제가 발생한다. 누구나 공을 받는 포수는 되기 싫어하고, 공을 던지는 투수를 하고 싶어 한다는 것이다.

한 팀에 투수만 있고 포수는 없다. 그래서 생각해 낸 것이 그냥 포수 없이 야구를 하는 것이다.

담장에 둥그런 원을 그려놓고, 그 안에 공이 들어가면 스트라이크로 인정을 했다. 하늘까지 올라갔다가 머리 위에서 내려오는 굉장한 아리랑 볼이라 하더라도 일단 원안에 들어가기만 하면 스트라이크로 인정이 된다.

아마도 당신 또한 이러한 놀이를 경험했으리라....

그들이 포수를 꺼려하는 이유는 딱 한 가지다. 야구공에 맞기 죽기 싫어서이다. 까딱 잘못해서 그 딱딱한 야구공에 정통으로 맞는다면 그 고통은 말할 수 없이 크며, 이러한 고통은 어린아이가 감당하기 어렵다.

하지만 투수는 어떤가? 공을 잘못 던져도 직접적인 고통이 없다. 이것이 많은 아이들이 포수를 꺼려하는 진짜 이유다. 그러나 포수 글러브에 안면마스크, 포수 헬멧, 몸통보호대나 멋진 무릎보호대 같은 보호 장구를 완벽히 구비한다면 이야기는 틀려진다.

대부분 투수를 선호했던 많은 아이들이 반대로 포수를 하겠다고 나선다. 멋진 장비를 서로 착용하고 싶어 하는 것이다. 이러한 현상이 일어나는 이유는 딱! 한가지다.

포수의 포지션이 매우 안전하다는 것을 인식했기 때문이다. 안전하기만 하다면 포수라는 포지션이 매우 매력적이고 재미있다고 생각한다.

무술의 대련 또한 마찬가지이다. 사람들이 대련을 꺼리는 가장 큰 이유는 자칫하면 부상을 입을 수 있고, 부상으로 인해 오랫동안 고통스러울 수 있다는 불안감 때문이다.

안전 장비 없이는 포수하기를 꺼려하는 어린아이들과 똑같다.

하지만 대부분의 무술수련생들이 대련 시에 안전장비를 착용하지 않고 수련을 한다.

어째서 검도하는 이들은 한 사람도 빼놓지 않고 모두 안전한 호구를 착용하고 검도를 즐기는데, 무술하는 사람들은 보호 장비를 사용하지 않는지 도통 알 수가 없다.

더욱 이상한 것은 검도를 했다는 사람이 공권유술로 전향했을 때이다. 그는 검도를 할 당시에 자신의 장비가 핸드메이킹의 고가 장비였음을 침을 튀기며 자랑을 한다. 그러면서 단돈 만원도 되지 않는 정강이 보호대를 구입하지 않고 대련을 한다. 그리곤 시퍼렇게 멍든 자신의 정강이를 감싸 쥐며 무술은 위험한 운동이라고 말한다.

분명히 말하지만 무술에서 쓰이는 보호대는 여타 스포츠의 보호 장비보다 훨씬 싸다.

골프채 하나 값이면 머리부터 발끝까지 완벽하게 구비된 최고급 보호대를 평생 동안 쓸 수도 있다.

자신의 실력을 극대화할 수 있는 가장 좋은 방법 중의 하나는 대련을 자주하는 것이고, 그 과정에서 발생할 수 있는 부상을 사전에 차단하는 것이다.

그것을 위해서는 간편하고 안전한 보호대를 반드시 착용해야 한다.

6. 그 날 배운 기술을 노트에 정리하는 습관을 기른다.

공권유술을 지도하면서 가장 화딱지 나는 것이 나의 질문을 되받아치는 녀석들이다.

예를 들어... 십자꺾기를 지도할 때, 십자꺾기 기술에 대한 요령을 알려주면서 그 원리에 대해 질문을 한다. 스스로 생각해 보게 하기 위해서이다.

그러나....

내가 '왜?'라고 질문을 하면, '왜라뇨?'라고 반문한다.

'왜라뇨'라니, '왜 그러냐고?'라고 다시 질문하면, 다시 '뭐가요?'라고 묻는다. 특히 고등학생들에게서 나타나는 현상인데, 개념을 집에 두고 온 것이 아니고서야 저럴 수 있을까? 생각되는 녀석들도 있다.

중증에 가까운 녀석은 정권으로 단련된 손으로 머리통을 한 대 때려주고 싶다.

물음에 대해 아무 생각 없이 입에서 나오는 대로 말하거나, 아예 묵묵부답(默默無答)으로 일관하는 것은, 필자의 짐작으로는 아마 이런 게 아닐까 싶다.

학교에서 공부를 하기 위해 머리를 쓰는 것도 끔찍하게 싫은데, 무술 수련에까지 머리를 쓰고, 생각을 하고, 원리를 깨쳐야 한다는 것이 도무지 내키지 않는 것이다.

하지만, 이 세상의 모든 일에는 반드시 그 원리가 있게 마련이다. 그 원리를 깨우치지 않고서는 기술의 발전을 기대할 수 없다.

그냥 시계불알처럼 생각 없이 학교와 체육관을 반복적으로 왔다 갔다 하는 것은 아무 의미가 없다. 이것은 곧바로 실력의 저하로 이어지고, 실력이 저하되면 무술을 하게 되는 동기 유발이 사라지게 된다. 동기유발이 사라지면 재미가 없어지고, 결국, 재미가 없어지면 취미활동으로서의 기능을 상실하게 되는 것이다.

아무리 취미생활로 공권유술을 수련하지만… 그래도 뭔가 열심히 해야겠다는 의욕은 필요하다.

당신이 동네 조기축구회에 가입을 했다고 치자!

일단 축구회에 가입을 하면 축구를 하기 위함이다. 조기축구회에서 축구공대신 테니스 채를 들고, 중앙선을 지나 번개같이 질주하여 축구공 대신 강 스매싱으로 상대의 골문에 테니스공을 쳐 넣었다면, 그 즉시 당신은 누군가의 태클로 인하여 무릎팍을 걷어차일것은 자명한 사실이다. 그러므로 축구회에 가입을 하면 축구에 대한 애정을 가지고 즐겨야 한다.

또한 축구회에 가입을 하면 열심히 훈련을 해야겠다는 의욕을 자신에게 불어넣어야 한다. 축구시합을 한다면 상대편 골문에 골을 넣어야겠다는 생각을 하는 것이 당연하다. 그러나 '날도 더운데 뭣 하러 땀흘려가며 뛰어다니나…?' 라고 생각하거나, '내가 골을 넣지 않아도 골 넣을 사람 많은데 뭘' 이라고 생각한다면 취미생활이 제대로 될 리가 없다.

아무리 취미생활이라도 노력을 해야 하고 그것을 즐겨야 한다. 그러기 위해선 체력, 기술, 연습이라는 삼박자가 맞아야 한다.

이러한 삼박자 중에서도 가장 큰 비중을 차지하는 것이 기술이다. 기술을 배우는 과정이 즐거워야지만 실력이 향상되고 곧 동기유발로 이어지게 된다.

기술을 배우기 위한 첫 번째 단계는 암기이다.
 기술이 암기되어야 혼자서 반복 연습할 수 있기 때문이다. 여기서 가장 중요한 것은 기술의 이름을 먼저 외워야 한다는 것이다. 헤딩이 무엇인지? 발리킥이 무엇인지? 뭘 알아야 면장을 해 먹지 않겠는가? 센터링을 하라고 했는데 백패스를 해버리면 어떻게 될까? 아마도 다음 번 시합에서는 물주전자만 들고 "왔다리 갔다리" 하는 만년 후보 노릇을 면치 못하리라....
 그럼에도 불구하고 많은 사람들이 이론의 중요성을 무시한다. 답답한 노릇이다.
 '노가다' 는 일본말이다. 막노동판에서 일하는 노동자를 일컫는다.
 당신이 오늘 일당 7만원을 받고 노가다를 뛰러 갔다고 하자.
 노가다 십장님께서 당신에게 '몽키스패너' 를 가지고 오라고 명령했는데, 당신이 대답하길....
 "몽키스패너가 뭡니까?"라고 한다면, 못을 박고 있던 십장의 망치가 바로 당신의 얼굴 쪽으로 날아올 것이다.
 또는 '노기스' 를 가지고 오라고 했는데, '드라이버' 를 가지고 왔다면 당신이 어떠한 결말을 맺게 될지 불을 보듯 뻔한 사실이다
 이렇듯 노가다 일을 배우기 위해선 공구의 이름을 먼저 숙지해야 하고 그 용도를 먼저 알아야 하는 것이 당연하다.
 공권유술 또한 마찬가지이다.
 많은 이들이 공권유술도장을 찾는 것은 기술을 배우기 위함이다. 처음 도장에 입문할 때, 공권유술의 심오한 뜻이나 철학적 의미를 배우러 오는 사람이 있다는 얘기는 아직까지 들어보지 못했다.
 이러한 기술을 좀 더 빨리, 수월하게 익히기 위해서는, 그날 배운 기술에 대해 노트 정리를 하는 것이다.
 가령 오늘 수업 중에 업어치기를 배웠다고 한다면, 자신만의 방식으로 그것을 조리 있게 기록해 놓는 것이 도움이 된다.
 날짜와 시간을 기록하고 업어치기란 무엇인지 스스로 정의해 본다. 그리고 이

러한 기술이 업어치기라는 것을 숙지한다.

업어치기의 기술에 순서를 매기고, 그 방법을 하나하나 써 나가는 것이다.

이러한 기록이 쌓이면 몇 달 후 굉장한 도움이 된다.

자신의 기술을 완벽히 이해할 수 있게 되는 것이다.

지도자가 볼 때, 배우는 사람들이 가장 무성의하다고 느끼게 되는 순간이 이미 알려 주었던 기술 용어에 대해 '금시초문' 이라는 자세로 일관할 때이다.

'업어치기를 10회씩 합시다!' 라고 지시하면, 몇몇은 그 기술이 무엇인지 모른다고 하거나, 안 배웠다고 한다. 지도자가 배우지 않은 기술을 하라고 하는 법은 없다. 심지어는 몇 분 전에 배운 기술의 이름을 대며 다시 하라고 해도 배운 적이 없는 것처럼 행동한다. 배움에 정성을 들이지 않아서일 수도 있고, 신경을 안 써서일 수도 있다. 그러한 사람이 많지는 않지만 자신이 어떠한 범주에 속하는지 한 번 생각해 볼 문제다.

7. 수련을 끝낸 후 영양식의 식품을 섭취한다.

성인부의 경우 수련이 끝나면 삼삼오오 짝을 지어 곧장 맥주집으로 달려간다. 땀을 흘리고 마시는 맥주의 한컵은 생각만 해도 짜릿하다.

갈증해소로는 그만이다. 목구멍으로 차가운 맥주가 넘어가는 감촉은 가슴을 넘어서 창자속까지 시원함이 전해오는 듯하다.

필자는 막탄사를 즐겨한다. 박정희대통령도 즐겨 마셨다는 막탄사!

막탄사는 막걸리에 사이다 탄 것을 말한다. 이 막탄사에다가 오소리감투를 새우젓에 푹~! 찍어서 풋고추와 함께 먹는 맛은 땀을 흘리면 흘릴수록 더 맛나게 다가온다. 하지만 지나친 과음은 오히려 운동저하로 나타난다.

장시간의 운동은 체력을 저하시킨다. 그래서 체내에서는 더 많은 영양공급을 원하게 된다.

나 또한 500cc 맥주 한 잔의 즐거움을 모르는 것은 아니다. 그러나 맥주에 땅콩 안주만 먹는 것은 고갈된 에너지를 보충하기에는 부족하다.

지방이 적고 영양가 높은 안주와 함께 먹는 것이 좋다.

또는 수련이 끝난 직후 미숫가루를 물에 타서 마시거나 두유 또는 우유 등의 간편하고 고단백질의 음식물을 공급해주는 것이 좋다.

이것은 다음날 좀 더 강도 높은 훈련을 할 수 있도록 도와준다. 하지만 어떤 이는 아버지가 낚시를 가서 장박에 걸쳐 잡아온 토종붕어로 즙을 냈다고 자랑을 하거나 옆집에서 길렀다던 진돌이로 만든 개소주, 살모사와 능구렁이를 함께 넣고 끓였다는 비암탕 등의 건강식을 가지고 와서 냄새 폴폴 풍기며 바닥에 남은 국물 찌꺼기까지 모조리 마시는 사람도 더러는 있다. 그것이 고단백 식품이기는 하지만 지방이 많은지라 과격한 운동 후 바로 마시는 것은 소화에 장애를 일으킬 수 있으며 묽은 똥을 싸게 만들고 똥에서 시금털털한 하수도 냄새를 유발하게 된다.

요사이는 근육의 생성을 도와주고 근육피로를 풀어주는 프로테인, 웨이트게이너, 아미노산 등의 고단백 식품을 직수입하는 매장들이 많이 생겨서 손쉽게 구입할 수 있으며 국산품의 품질도 많이 좋아지고 있는 실정이다.

가장 좋은 단백질 공급방법은 훈련 후 30분 안에 고단백 식품을 액체 형태의 쉐이크로 만들어 마시는 것이다.

이야기를 다 듣고 난 천목이는 가느다랗게 실눈을 뜨고 고개를 빼딱하게 하고는 나의 얼굴을 쓰~윽 쳐다보았다.

"관장님 말씀대로 하면 확실하게 실력이 늘어요?"

말투가 어째 믿지 못하겠다는 것처럼 들린다.

"여태까지 미친 듯이 설명을 했는데, 지금 뭐라고 하는 거냐? 시방 내말을 못 믿겠다는 거시냐? 뭐시냐?"

"그게 아니라..., 생각보다 너무 간단한 방법 같아서리....."

"가장 간단한 방법이 가장 좋은 방법일 수 있다. 지금까지 내가 말한 것은 예전에 내가 너 정도의 레벨일 때 고민하다 터득한 내 경험을 토대로 말한 것들이야. 반드시 이 방법이야 한다는 것은 아니지. 하지만 분명한 건 자신의 실력을 극대화 할 수 있는 방법 중 하나인 것만은 틀림없다는 거야."

우리는 그 날 많은 대화를 나누었다. 이야기를 끝냈을 때, 천목이가 감사하다는 말과 함께 천천히 고개를 숙여 인사를 했다.

무술을 수련함에 있어서 누구나 고비는 있다. 여기서 고비는 몽골과 중국 네이멍구 자치구[内蒙古自治區]의 넓은 땅을 가로질러 뻗어 있는 사막을 말하는 것이 아니다.

일이 되어 가는 과정에서 가장 중요한 단계나 대목을 말하는 것이다. 쉽게 말한다면 무술에 입문한 후 그것을 포기하는 단계나 수련을 중지하는 고비의 단계를 말한다.

일반적으로 입문한 지 3일 안에 그만두는 경우가 있으며, 3일이라는 고비를 잘 넘기면 그 후 3주까지 수련을 하게 되는데, 여기에서 중도하차하는 사람이 50%에 해당된다. 만약 3주를 넘기면 3개월까지는 무난하게 수련을 하게 된다. 재미가 붙었기 때문이다.

3개월까지는 기술이 부쩍 늘기 시작한다. 그러나 3개월 후부터는 정체기에 빠지게 되고 의욕도 상실하게 된다. 일종의 슬럼프인데, 이것을 슬기롭게 넘기면 그럭저럭 한 6개월까지 간다.

6개월을 넘기면 1년 이상을 수련하게 되고, 블랙벨트를 획득하게 되는데, 이 과정이 지나면 그 때부터는 공권유술에 완전히 중독이 된다. 마치 개미지옥에 빠진 벌레처럼 헤어 나올 수가 없게 되는 것이다.

우리는 이것을 '탈피과정' 이라고 말한다. 허물을 벗고 강인한 체력과 정신력으로 중무장한 무술인으로 탈바꿈되기 때문이다.

 현재 이천목 군은 전보다 훨씬 즐겁게 공권유술을 즐기고 있다. 실력도 부쩍 늘고 무엇보다 공권유술의 기술을 연구하는 것이 너무나 재미있다고 한다.

 누구든 취미생활을 즐길 권리가 있다.

 그 권리를 누리기 위해선 자기 스스로 즐거움을 누릴 준비가 되어 있어야 한다.

 행복한 공권유술인이 될 지, 별다른 흥미를 느끼지 못해 3일 만에 포기할 지는 전적으로 당신에게 달려 있다.

당신은 어느 쪽을 선택하겠는가?

수련을 마치고 단체사진을 찍었다.

사진의 맨 뒤 오른쪽에서 두 번째가 이천목 군이다.

최원우 군을 끌어안고 왼손을 치켜들고 있다.

도복착용 규정(공인도복)

▲ 검은색 도복은 1단부터 9단까지 입는 공용도복

▲ 맞춤의 경우 바지통의 넓이는 본인이 스스로 결정할 수 있음

▲ 파란색 시합용 도복은 반드시 유단자 이상만 착용

▲ 흰색 도복은 도장을 운영하는 관장급 이상만 착용

1. 왼쪽 가슴에는 공권유술 세로마크를 부착한다.

2. 오른쪽 가슴에는 각 나라의 국기문양을 부착한다.

3. 오른쪽 어깨에는 GK아카데미 협회마크를 부착한다.

4. 왼쪽 어깨 가로에는 자신의 직책을 새겨 넣은 패치를 부착한다. 만약 직책이 없는 수련생이라면 소속팀 이름을 넣게 된다.
예) 조교, 사범, 관장, 임사, 연사등과 같은 직책 또는 중앙시범단, 대학선수단 등등.....

5. 왼쪽 어깨 세로에는 공권유술 글자를 한문으로 새겨넣는다.

6. 등판에는 한글로 공권유술이라고 새겨넣는다. 만약 외국이라면 영문표기 "GONGKWON YUSUL" 이라고 표기한다, 또는 약자 "GKYS"이라고 표기 할 수 있다.

7. 등판 공권유술 글자 밑에는 자신이 속해 있는 체육관명이나 팀명을 넣을 수 있다.
예) 중앙 시범단, 군산지부, 석촌도장 등등....

8. 유단자는 상의 왼쪽 하단에 레벨표시 패치를 부착한다.
레벨 종목은 모두 4개의 종목으로 이루어져 있으며 각각 다른 색깔로 표기되어 구분하기 쉽다. 각각의 종목은 1~5등급으로 나뉘어지고 1등급을 최고등급으로 한다.

각각의 종목에서 챔피언(3개의 도장이상에서 연합하여 치루어진 시합)을 했던 경력이 있다면 패치를 오른쪽에 부착하여 경력을 표시한다.

9. 바지 왼쪽에는 세로로 자신이 속해있는 지부를 표시한다.
예) 서울협회, 원주지부, 포항지부 등등....

10. 바지에는 한 개의 패치를 도장 임의대로 부착할 수 있도록 허락한다 (임의로 부착되는 모든 패치는 공권유술의 품위손상이나 혐오감을 주지 말아야 하며 협회규정에 어긋날 경우 부착금지 명령을 내릴 수 있다)

11. 협회 공인도복은 검은색으로 1단~9단까지 통일한다.

12. 유단자는 파란색 선수용 협회공인도복을 추가로 착용할 수 있다.

13. 관장은 하얀색 선수용 협회 공인도복을 추가로 착용할 수 있다.
- 공인 4단 이상 -

14. 공권유술의 시합, 세미나, 합동훈련 등과 같은 행사에는 유급자 검은 도복을 착용하고, 유단자는 파란색 선수용 도복을 착용하며, 관장은 하얀색 도복을 착용한다 (이것으로 유급자와 유단자, 그리고 관장을 한눈에 알아볼 수 있도록 한다).

15. 본관 외에 1개 이상의 지관을 운영하고 있는 총 관장은 직위별로 차별화된 섹션을 적용하여 부착할 수 있다.
- 공인 5단이상 - (협회에서 별도로 제작하여 지급)

- 협회 규정에 어긋나는 도복을 착용할 시 승급 및 승단심사, 시합이나 합동훈련 세미나 등과 같은 각종 훈련에 참여할 수 없다 -

- 벨트 규정 -

1. 흰 띠 9급- (시작의 의미)
2. 노란띠 7급- (기본의 의미)
3. 파란띠 5급- (숙달의 의미)
4. 빨간띠 3급- (도전의 의미)
5. 밤 띠 1급- (노력의 의미)
6. 검은띠 초단- (도의 의미)

이와 같이 모두 5가지로 나뉘어 등급을 표기한다.

어린이의 경우에는 등급을 9가지로 나뉘어 '녹색'과 '주황색' '보라색'을 지도자의 재량으로 포함시킬 수 있다.

심사는 보통 1~2개월에 한 번씩 이루어지지만 심사의 주기는 지도자의 권한이다.

띠의 왼쪽- 노란색 자수로 직함을 새겨 놓고 그 밑에 이름을 새겨넣은 후 그 밑에는 자신의 단수를 작대기로 표시한다.

작대기 표시는 의무가 아니기 때문에 반드시 새겨 넣을 필요는 없으며 지도자의 재량에 달려 있다.

띠의 오른쪽- "사단법인 대한공권유술 협회"의 표기를 노란색 자수로 새겨 넣는다. 외국의 경우 각 나라별 협회로 표기한다.

- 등급(레벨) 테스트와 레벨 인정 -

내용

1단 이상은 공권유술의 여러장르의 기술을 습득하여 얻어지는 자신의 실력을 레벨테스트로 확인하거나 자격을 인정받을 수 있다.

승단의 내용과는 다른 별도의 레벨 테스트를 거친다.

- 등급(레벨)의 인정 -

레벨테스트는 공권유술 수련 기간이 1년 이상되고 1단사이어야만 레벨 테스트와 자격이 주어지며 실력을 인정받을 수 있다.

레벨테스트를 통과 한자는 인증서를 지급하며 상의 도복 왼쪽 하단에 패치를 통하여 인식표를 부착하여 알아볼 수 있도록 한다.

2~5급까지는 도장의 지도자가 직접 레벨테스트를 해서 인증서와 레벨 패치를 수여할 수 있다.

1급 이상은 시도지부에서 심사를 거쳐 발급 받는다.

레벨의 등급

1. 삼원본 – 1~5등급
2. 대련 – 1~5등급
3. 종합 – 1~5등급
4. 와술 – 1~5등급

각각의 종목은 서로 다른 색으로 구별하게 한다.

과거 각종 시합에서 각각의 종목에 우승한 사람은 레벨등급의 패치를 상의 오른쪽 하단에 부착하도록 하여 챔피언(3개의 도장 이상에서 연합하여 치루어진 시합)이라는 것을 표시한다.

13. 하수에서 탈출하기!

초등학교 5학년 여름방학이 끝나갈 무렵, 마루에 누워 빈둥거리던 나는, 영문도 모른 채 아버지 손에 이끌려 처음으로 무술도장에 등록하게 되었다.

난생 처음 간 도장은 비좁고 지저분하다는 느낌이 조금 들긴 했지만, 단 며칠만 다녀도 감히 나에게 대적할 상대가 없게 할 수 있겠다는 자신감을 주기에 충분했다. 나는 수련을 시작하기도 전에 천하무적이 된 것 같은 느낌이 들었다.

다음날부터 무술을 배울 수 있다는 생각을 하니 너무도 흥분이 되어, 눈만 감으면 바로 잠이 드는 나였었지만, 날이 훤하게 밝아 오도록 잠을 이루지 못하고 꼬박 뜬 눈으로 밤을 새웠다. 그 날 나는 학교가 파한 후에 형이 입던 누렇게 변색된 유도복을 둘러메고 도장을 찾아갔다.

수련장 안에서는 몇 명의 수련생이 도장 중앙의 천정에 매달린 2미터 정도 높이의 커다란 농구공을 공중 돌려차기로 차 넣고 있었다. 신기에 가까웠다. 하지만 멋진 점프력과 환상적인 발차기보다 더 인상 깊게 눈에 들어온 것은 도장의 구석에서 일어나고 있는 묘한 상황이었다.

> 중대가리마냥 머리를 빡빡 깎은 고등학생으로 보이는 형이 무릎을 팍~ 꿇고 앉아 있었다.
> 그 형이 무엇을 잘못했는지 사범님은 눈이 부시게 빛나는 수련생의 머리를 죽도로 탁탁 치며 훈계를 하고 있었다.
> "뭐냐? 그렇게 해서 니가 하수탈출을 할 수 있겠어!"
> 도장에서 처음 본 공중 돌려차기.... 죽도를 든 사범....
> 그리고, 빡빡머리....
> 그 때 내 머릿속에 남은 강력한 이미지는 '하수구에서 빨리 도망치지 않으면 머리를 빡빡 깎이고 기합을 받는구나...' 하는 것이었다.

하수란 무엇인가? 지금부터 언급하고자 하는 것은 하수에 대한 것이다.

그렇다고 빗물이나 집, 공장, 병원에서 쓰고 버리는 더러운 물을 말하는 하수도의 하수(下水)를 말하려는 게 아니다.

내가 말하고자 하는 하수(下手)는 무술에서 낮은 기술과 낮은 수를 가진 사람을 말하는 것이다.

쉽게 말하면 뭐든 잘하는 사람은 고수고, 못하는 사람은 하수가 된다.

그러므로 당신이 이제 막 공권유술을 시작한다면, 당신은 완전한 하수가 되는 것이다.

모든 사람들은 고수를 꿈꾸며 무술계에 입문한다.

그럼 중수를 넘어서 고수의 반열에 오르기 위해서는 어떻게 해야 하는가?

첫 번째는 좋은 스승을 만나야 한다.

두 번째는 꾸준한 수련으로 어느 정도의 무력이 쌓여야 한다. 이것에는 왕도가 없다는 것이 모든 무술계의 정답이 되겠다.

마지막으로 한 가지를 더 추가한다면, 자신의 마인드를 긍정적으로 가져야 한다는 것이다.

하수는 계속해서 크고 작은 실수를 반복하기 마련이다.

실수가 없으면 그는 이미 고수가 아니겠는가? 또한 하수는 생각의 폭이 좁고 이기적이다. 자신만을 생각하고 타인을 배려할 줄 모르며, 최악의 판단을 내린다. 그럼에도 불구하고 모두가 이런 하수를 이해하는 것은 누구든지 하수의 과정을 거치기 때문이다.

고수의 눈에는 하수의 움직임이나 생각이 마치 투명한 어항 속의 물고기처럼 훤히 들여다보이지만, 하수는 오직 물속의 물고기처럼 물속의 세상 밖에 보이지 않고, 자신의 무술 세계만이 전부라고 생각한다.

그렇다면 하수와 고수의 차이점을 무엇으로 판단할까?

1. 얼마나 오랜 시간 동안 훈련을 했는가?
2. 얼마만큼 우아하고 절도 있는 품새를 구사하고 있는가?
3. 무술에 대한 전반적인 지식이 어느 정도이며, 남을 지도할 수 있는 능력은 상, 중, 하 어디에 해당되는가?
4. 실전 호신에서의 대처능력과 대련의 기술이 어느 정도인가?

위의 사항들을 종합해 보면, 고수에 대한 기준을 어느 정도 파악할 수 있을 것이다.

어렸을 적에 누구나 한번쯤은 두어 보았을 장기를 예로 들어 보자!

오랜 시간 장기를 공부하고 정확한 정석을 이해했으며, 장기에 대한 전반적인 지식이 뛰어남에도 불구하고, 실전에서는 자신보다 못한 상대에게 허구한 날 깨진다! 그렇다면 이 사람은 고수인가? 하수인가?

고수라고 대답하는 사람이 있다면 아마도 그는 그의 어머니를 비롯하여 돈 빌

려간 옆집 아저씨, 또는 자주 술을 얻어먹는 친구들과 같은, 몇몇의 소수 지지파들뿐일 것이다.

무술 역시 장기의 그것과 다를 것이 없다.

무술에서의 하수는 상대와의 실전 격투에서 많은 패배를 경험한 사람을 의미하기도 한다.

당신은 지금 하수, 중수, 고수 중 어느 레벨에까지 도달했는가?

만약 당신이 현재 하수, 혹은 중수에 해당된다면 어째서 거기에서 벗어나지 못하는 것인가를 심각하게 생각해 보아야 한다. 하지만 많은 이들은 자신의 행동과 훈련방법이 언제나 옳다고 생각하며, 그러한 생각들이 하수에서 벗어나지 못하는 걸림돌이 되고 만다.

마치, 동네 바둑 30년을 두어 온 삼촌이 정식으로 바둑을 공부한 바둑 2, 3급 수준의 9살 조카에게 깨지는 것처럼 말이다.

하수에서 벗어나지 못하는 10가지 이유

1. 노력은 하지 않고 이기려고만 한다.

하수일수록 연습의 양이 적다. 그럼에도 불구하고 욕심은 놀부가 형님으로 모실 정도로 많다. 적은 연습으로 많은 기술과 좋은 체력 요건을 가지려 한다.

2. 똑같은 실수를 되풀이 한다.

하수의 대표적인 공통점은 한 번 한 실수를 계속해서 되풀이 한다는 것이다.

고수는 대련에서 상대의 기술이나 노련미를 미리 파악한다. 만약 자신의 실수로 인하여 역습을 당한다면 곧바로 수정을 하여 다른 기술로 반격을 한다.

하지만 하수는 다르다. 그들은 기막힌 건망증을 가지고 있다. 불과 1분 전에 상대의 공격에 허를 찔렸음에도 불구하고 계속 반복된 패턴으로 공격을 한다.

3. 배우려고 하지 않는다.

이것이 가장 큰 문제이다. 자신의 부족한 기술을 고수들로부터 배우고 익혀서 수정하려 들지 않는다는 것이다.

자존심이 상한다고 생각하거나, 창피하다고 생각하는 경향이 두드러진다. 이것은 곧 배우기를 꺼려하는 현상으로 발전된다. 배우지 않는다면 무슨 방법으로 하수에서 벗어날 수 있겠는가?

4. 자신의 능력을 과소, 또는 과대평가한다.

하수들은 이상하게도 자신이 다른 사람보다 빨리 기술을 습득할 것이라고 믿는 경향이 있다. 스스로를 과대평가하는 것이다. 또한 조그마한 기술 습득으로 천하무적이 되었다는 망상을 하는 경우가 많다. 그러나 이것보다 더 큰 문제점은 좋은 신체적 조건, 많은 무력, 테크닉 등이 보완되었음에도 불구하고 자신을 평가 절하하는 것이다. 이는 하수에서 탈출할 수 있음에도 불구하고 스스로 하수의 울타리에 갇히는 것이다.

5. 많은 기술 습득이 실력을 좌우한다고 믿는다.

실전 대련에서는 몇 가지의 능숙한 기술이 필요한 것이지, 많은 기술이 꼭 승리를 대변하지는 않는다. 왜냐하면 실전에서 사용되는 기술은 한정되어 있고, 나머지의 기술들은 파생된 기술로써 무술인들이 알아야 할 소양과 같은 기법들이다. 이것을 모두 실전대련에 사용할 수는 없다.

6. 자신보다 약한 하수와만 겨루고자 한다.

고수는 자신보다 강한 자와 겨루기를 원한다. 승패를 떠나서 실력을 향상시킬 수 있는 좋은 기회이며, 자신의 레벨을 곧바로 확인해 볼 수 있는 절호의 찬스이기 때문이다.

이는 바둑에서 하수가 고수에게 바둑 한 판을 정중하게 청하는 것과 같은 이치이다. 하지만 하수는 반대다. 약한 하수와 겨뤄 승리의 기쁨을 누리고 싶어 한다.

하수가 자기보다 더 하수인 상대를 고집하는 이유는,

첫째, 무조건 자신이 이기기 때문에 자신의 강함을 하수에게 과시할 수 있다.

둘째, 자신이 패배하지 않기 때문에 불쾌감을 느끼지 않는다.

셋째, 자신은 하수를 때려서 고통을 주어도, 자신은 고통이 없다.

이러한 이유로 하수는 스스로를 이기주의자로 만든다.

7. 고수가 봐주는 것을 깨닫지 못한다.

고수와 하수가 대련하는 것을 옆에서 관찰자가 되어 살펴보자!

(1) 고수 : 하수를 이기기 위한 대련이 아닌, 하수의 실력을 높여주기 위한 대련의 일환으로, 초점을 하수에게 맞추어 훈련을 도와준다.

(2) 관찰자 : 처음에는 고수와 하수의 차이점을 느끼지 못하다가 얼마 후 고수가 하수를 배려한다는 사실을 알아차리고 고수의 기술에 감탄한다.

(3) 하수 : 고수가 자신을 배려해 주는 것을 깨닫지 못한다. 마치 자신의 대련 기술이 뛰어나거나 상대가 자신과 대등하다고 생각한다.

8. 충고를 듣지 않는다.

주위의 선배나 고수가 잘못된 점을 지적해 주거나 충고를 해 주어도 달가워하지 않는다. 오히려 속으로 불쾌감을 가진다.

개중에는 '자기가 잘났으면 얼마나 잘났나.' 라는 식의 자세로 일관하기도 한다. 이러한 이유로 많은 고수들이 특별한 경우가 아니라면 하수에게 충고하는 것을 꺼려하게 된다.

9. 자기의 실수를 인정하려 들지 않는다.

대련 중 상대의 부상을 상대의 탓으로 돌린다. 한술 더 떠서 자신의 부상 역시 상대의 탓으로 돌린다. 더욱 몰염치한 일은 자신의 기술적 실수를 남 탓으로 돌린다. 다른 사람이 기술에 대한 실수를 지적해 주어도 자신의 기술이 완벽하다고 어필한다.

10. 공수겸비의 이치를 외면한다.

하수는 오로지 공격에만 최선을 다한다. 한 대라도 더 때리기 위하여 혈안이 된다. 맞는 것을 싫어하기 때문이다. 공격과 수비의 이치를 외면하면 하수에서 탈출하기가 사실상 어렵다.

 위의 10가지 사항 중에, 5가지 이상 자신과 부합(符合)된다면 안타깝지만 당신은 아직도 하수에서 벗어나지 못하고 있는 것이다.
한 가지 분명한 것은 이 땅의 많은 고수들도 위와 같은 하수의 시절이 있었으며, 크고 작은 시행착오를 거듭하면서 고수로 탈바꿈하게 된 것이다.
 필자 또한 아주 오랜 세월 동안 하수에 머물러 있었다.
 어느 정도의 무력에 도달해야지만 자신이 하수였다는 것을 스스로 깨닫고 이해할 수 있게 되므로 처음부터 너무 조급해 할 필요는 없다.
 자신이 하수라고 너무 실망하거나 노여워해서는 안 된다는 것이다.
 현재 자신의 위치를 정확히 직시하고 이상을 추구하는 것이 더 중요하다.

결투 시에 일어나는 고수와 하수의 차이

1. 고수는 느낌과 마음으로 상대를 보고, 하수는 눈으로 상대를 본다.
2. 고수는 선수를 치고, 하수는 후수를 친다.
3. 고수는 잔매를 아끼지 않고, 하수는 한 대도 맞지 않으려고 한다.
4. 고수는 지지 않는 것을 신조로 하고, 하수는 맞지 않는 것을 신조로 한다.
5. 고수는 상대가 피로해지기를 기다리고, 하수는 상대가 실수하기만을 기다린다.
6. 고수는 결투 시 미리 작전을 구사하고 하수는 대책이 없다.

7. 패배를 했을 때, 고수는 말이 없고, 하수는 말이 많아진다.

8. 고수는 기술을 시도하기 전에 생각하고, 하수는 기술을 행하고 나서 생각한다.

9. 고수는 상대의 실력이 부족하더라도, 자신의 실력과 대등하게 만들고 하수는 상대의 실력이 부족해 보이면 철저히 유린한다.

10. 고수는 마음을 통해서 이기려 하고, 하수는 피를 보면서 이기려고 한다.

공권유술 교본 촬영한 날

교본을 촬영을 무사히 마쳤으니까 기념촬영을 해야지…

자~! 찍습니다…

잠깐! 뭔가... 좀 어색하지 않냐?
다시 찍자구....

공권유술 파이팅!

잘 찍힌겨?

14. 공권유술의 기술체계와 프로그램

많은 사람들이 공권유술의 프로그램에 대해서 궁금해 합니다.
또한 그것을 이해하지 못하는 공권유술 수련생들을 위하여 간단하게나마 설명 드리고자 합니다.
공권유술이 한국무술의 고단자나 외국의 무술마스터들이 최고의 프로그램을 가지고 있다는 칭찬을 아끼지 않는 것은 어느 무술에서도 찾아볼 수 없는 기술의 다양성(多樣性)과 수련자가 스스로 그것을 깨달아 가는 원리성(原理性) 때문입니다. 다만 무술을 전혀 해보지 않았던 초보자가 그것을 이해하려면 어느 정도의 시간이 필요한 것이 사실입니다.
공권유술의 프로그램과 시스템을 이해하기 위해서는 약 6개월 정도의 수련이 필요합니다.
그렇게 한다면 공권유술의 기술과 철학을 저절로 터득하게 됩니다.
만약 1년이상 수련을 하게 되면 계속해서 다른 단계의 깨달음을 얻게 됩니다.
이것을 공권유술에서는 단계성(段階性)이라고 말합니다.
처음에는 공권유술시스템의 프로그램들이 마치 컴컴한 암흑 속을 걷는 것처럼 '막막' 하게 느껴질 수 있습니다. 그러나 6개월 정도를 수련하시면 암흑 속에서 성냥불을 하나 '탁!' 하고 긋는 순간 세상이 환해지는 느낌을 받게 됩니다. 그 시기를 약 6개월 정도로 봅니다.

그러므로 이것을 일부러 신입수련생들에게 설명하지 않습니다.

일정한 시간이 되면 저절로 터득하게 되고 어떤 감동적 느낌을 스스로 받게 되는 희열을 느끼게 하고 싶기 때문입니다.

하지만 6개월 이상을 수련하지 못하고 도중에 수련을 포기하는 수련생들은 여전히 공권유술을 이해하지 못하고 암흑속의 무술이라고만 생각할 수 있다는 생각이 들어 오해의 소지가 있어 간단히 설명하고자 합니다.

우선 여러분이 입관하는 순간부터 가장 먼저 수련하는 맞대기에 대해서 설명하고자 합니다.

잘 아시겠지만 맞대기는 모두 4가지의 기술로 구성되어 있습니다.

1. 맞대기 수기(手技) (8본)
2. 맞대기 족술(足術) (10본)
3. 맞대기 메치기 (10본)
4. 맞대기 관절기 (7본)

맞대기는 순수 우리말입니다.

서로의 손등을 밀착한다는 말에서 나왔습니다.

손을 뻗어 맞대기를 하면 상대의 키가 크든 작든 신체적 조건에 관계없이 일정한 간격(間隔)을 유지하게 됩니다.

이러한 상태에서 상대를 공격하고 방어를 하는 수련을 하게 되면 간합(間合)의 이치를 깨닫는데 큰 도움이 됩니다.

예를 들면...

발차기는 상대와의 간격이 가장 먼 상태에서 공격을 하는 기술입니다.

만약 매우 근접해 있다면 발차기공격이 오히려 어려워집니다. 또한 주먹공격이나 메치기는 아주 가까운 거리에서 가능합니다. 역시 발차기의 간격에서 상대를 잡으려 하거나 주먹공격을 감행한다면 어려움이 있습니다. 하지만 맞대기의 거리에서 발차기와 메치기, 족술, 수기를 함께 연습하게 되면 좁은 공간에서 발차기로 상대를 공격하는 공간확보의 이치를 깨닫게 됩니다. 또한 잡기싸움이나 주먹공격의 경우 거리가 비교적 멀지만 이것을 계속해서 연습하다보면 거리를 좁히는 방법에 대해서 문리(文理)가 나게 되는 것입니다. 이것은 누가 알려주어서 아는 것이 아니라 저절로 그것을 알게 되게 하는 시스템입니다. 또한 맞대기를 하면서 공권유술의 삼원본(三元本)을 함께 수련하게 되는데, 이것은 기술의 컴비네이션을 순차적으로 익히게 함입니다.

만약 수련생 여러분이 맞대기 기술을 6개월 후에 완성하게 되면 여러분 스스로 컴비네이션의 본을 창작하여 만들어 사용할 수 있으며 실전에 응용할 수 있게 됩니다.

예를들면, 맞대기수기 2본과 족술 4번 그리고 맞대기메치기 9본과 관절기 6본을 조합하면 수기→타격기→접근전→메치기→와술기로 연계되어 연속기가 이루어지게 되는데 이것은 지구상에서 오직 자신만이 할 수 있는 독특한 본(本) 하나가 완성하게 됩니다.

절대로 똑같은 본은 나오지 않습니다. 마치 비밀번호를 눌러 자물쇠를 여는 방법을 자신만이 아는 것과 같습니다. 여러분이 키가 작거나 뚱뚱하거나 마르거나 하는 신체적 조건을 갖추고 있다면 자신의 개성에 맞는 본을 만들어 사용할 수 있게 되는 것이죠...

또한 맞대기의 수기는 손동작으로만 공격과 방어로 구성되어 있는데 음수 8개와 양수 8개로 되어 있습니다. 한마디로 기본동작입니다만, 처음 배우는 사람은 이것을 어떻게 사용해야 하는지 알 수 없습니다. 하지만 이것을 완전히 수련하여 다른 사람과 함께 수련을 하면 음양의 조화가 맞아 떨어집니다. 혼자서 할 때는 모르지만 둘이서 수련을 하게 되면 마치 시계의 톱니바퀴처럼 기가 막히게 맞물려 공방이 펼쳐지게 됩니다. 그러나 6개월 미만에 수련을 그만두면 맞대기 수기의 이치를 알 길이 없습니다.

그것이 '맞대기' 입니다.

공권유술(空拳柔術)에는 삼원본이라는 것이 있습니다.
간단하게 설명하면 다음과 같이 구성되어 있습니다.

삼원본은 법(法), 술(術), 기(技) 삼원(三元)으로 구성되어 있습니다.
이는 인간에게 있어서 근본적인 동작이며, 이를 근간으로 하여 우리 인체의 작동가능한 모든 원리를 천지인(天地人)의 태원(太元)과 음양오행(陰陽五行)의 조화에 순응하여 정신과 육체를 단련하고 자연생존법칙의 원리상 방어하고 공격하는 기본원리를 바탕으로 하여 고난도의 법(法), 술(術), 기(技)를 숙련의 경지에 이르게 하기 위함입니다.
삼원본의 시연을 본다면 일반인들이 한눈에 이 무술이 공권유술이구나!! 라고 느낄 수 있는 공권유술의 핵심적 기술집합테크닉이라고 할 수 있습니다. 2인 1조 또는 3인이나 4인 1조가 되어 약속된 겨루기로 타격기-접근전-메치기-와술등을 하나의 커리큘럼으로 엮어서 7~~12가지의 연속기술을 구사하여 상대를 행복을 단번에 낼 수 있는 기술의 연속기입니다.

1. 심무(尋武)본本 1본~~10본 -무도(武道)를 찾는 단계-
2. 견법(見法)본本 1본~~9본 -되법을 보는 단계-
3. 입기(立技)본本 1본~~6본 -기(技)를 세우는 단계-
4. 좌술(座術)본本 1본~~5본 -술(術)에 좌정(坐定)하는 단계-
5. 와략(臥略)본本 1본~~5본 -책략(策略)에 와착(臥着)하는 단계-
6. 성도(成道)본本 1본~~5본 -도(道)의 실체(實體)를 이루는 단계-
7. 존용(存用)본本 1본~~5본 -쓰임을 갖추는 단계-
8. 반수(返手)본本 1본~~7본 -수(手)를 돌리는 단계-
9. 방법(放法)본本 1본~~7본 -법(法)을 버리는 단계-
10. 망도(忘道본)本 1본~~10본 -도(道)잊는 입신(入神)의 단계-

초보자들이 하는 심무본과 견법본은 상대를 메치고 이후에 와술로 제압하는 방식의 컴비네이션입니다.

입기, 좌술, 와략본은 타격기법과 메치기로 연계하여 와술로 마무리가 됩니다. 나머지의 성도, 존용, 반수본들은 고급기술이므로 방권술이나 호신술 등의 여러 가지 기술들이 연속기로 구성되어 있습니다.

나머지 방법과 망도본은 고급기술에 해당되겠습니다.

공권유술의 초보수련생에게 심무본과 견법본을 중요하게 가르치는 것은 상대를 메치고 난 이후에 신속하게 제압하는 방법을 터득시키기 위함입니다.

공권유술에는 와술이란 것이 있습니다. 쉽게 말하는 브라질주짓수처럼 누워서 상대를 제압하는 기술입니다. 공권유술 전체의 비중에서 약 25%의 비중으로 연습하게 됩니다만...

이것을 브라질유술처럼 해석해서는 곤란합니다. 공권유술의 경기규칙은 브라질유술과는 달리 포인트제가 아니라 한판제입니다.

대부분 경기를 시작한 후 2분안에 결판이 나는 방식이고 매우 박진감이 넘쳐, 보는 이로 하여금 감탄사를 자아내게 합니다.

공권유술의 와술에서도 좋은 포지션을 선정하는 방법에 대해서 충분히 수련을 합니다만 그것을 그다지 중요한 비중으로 다루지 않습니다.

왜냐하면 아무리 좋은 포지션을 선정해도 점수가 올라가지 않으며 상대를 뒤집거나 계속해서 포지션을 바꾸어도 점수를 주지 않기 때문입니다.

그러므로 공권유술에서는 상대를 메친 후 최대한 빨리 제압하는 방법을 반복 연습하게 하는 것입니다. 브라질유술과는 연습방법 자체가 틀린 것입니다.

외국인들이 공권유술을 코리안주짓수라고 부르는 까닭은 이러한 이유 때문입니다. 공권유술의 기본기술을 이해하기 가장 좋은 예가 심무(10개)와 견법(9개)의 본입니다. 이 두 개의 본들은 각기 다른 메치기가 나오고 각기 다른 제압방식으로 최대한 신속한 방법으로 상대를 제압하여 항복이나 탭을 받아내는 기법들인 것입니다.

삼원본은 모두 단계별로 나뉘어져 있고 모두 합하면 77개로 구성됩니다. 77개의 본은 역시 각기 다른 컴비네이션으로 이루어져 있으며 또한 모두 각기 다른 77개의 기술로 상대를 메치거나 쓰러뜨려 제압하도록 구성되어 있는 것입니다.

브라질리언 주짓수(Brazilian jiujitsu)란?
브라질유술이라고도 불린다. 강도관(講道館)출신의 유도가(柔道家)인 마에다 미츠요(前田光世)가 강도관에서 파문 후 브라질로 흘러들어가 유도를 유술(柔術)(주짓수)이라 부르며 그레이시 가문에 가르친 것이 그 시초. 이후 그레이시 가문에서 마에다에게 배운 기술들을 개량하고 다듬은 것이 현재의 브라질유술이다.

공권유술의 형에 대해서 간단히 말씀드리자면......

공권유술에서는 본을 위주로 수련합니다. 그 이유는 품새를 익히는 것보다 본을 익히는 것이 더욱 실전적이기 때문입니다.

그러므로 공권유술의 형(形)은 다른 무술과는 달리 초보자는 물론이고 무력이 어느정도 도달해 있는 수련생도 배우지 않습니다.

공권유술의 형은 2단이상의 교시(敎士)에게만 수련될 수 있으며 그것도 상세성이 없습니다.

즉 그것을 몹시 원하는 유단자만 선택적으로 교육받을 수 있습니다.

외국의 경우 공권유술의 형의 시연을 보면 환상적이라는 말로 감탄합니다. 그리곤 그것을 배우기 위하여 안간힘을 씁니다.

우리나라와는 전혀 다른 양상을 띱니다.

품새나 형이 있는 무술은 보편적으로 선진국 무술로 알려져 있습니다. 형을 익히는 연령이 남녀노소 누구나 할 수 있으며 특히 연세가 많으신 노약자분들이 즐길 수 있는 장르중 하나입니다. 우리나라의 20~30대의 젊은이들의 특성상 외우는 것을 몹시 싫어하는 추세가 강하기 때문에 이것을 고집할 수가 없어 시대의 흐름에 맞춰 고단자만이 수련할 수 있도록 프로그램화 시켰습니다.

공권유술의 품새는 용진형 무진형으로 구성되어있는데 전통기법, 정통기법, 현대기법이 자연스럽게 어울릴 수 있도록 짜여져 있으며 동작의 뜻을 풀이하면 매우 과학적이며 논리적으로 엮여져 있습니다.

공권유술에는 형이 '전혀없다'라고 오해하시는 수련생이 있어 몇 자 적어 보았습니다.

여러분들이 자주 수련하는 수기의 본(8본)과 수기족술의 본인 1본부터~ 17본의 프로그램을 가만히 보십시오! 어느한쪽으로 치우쳐서 타격컴비네이션이 이루어져 있지 않고 모두 연계성을 이루어 왼쪽 오른쪽 모두 합리적으로 훈련할 수 있도록 짜여져 있다는 것을 알 수 있을 것입니다. 또한 각기 다른 각도에서의 발차기와 다른 방법의 주먹공격을 관찰하실 수 있을 겁니다.

만약, 이것을 모두 마스터하면 그것을 반대로 처음부터 다시 수련하니까 처음 기술을 배울 때 그것을 양쪽을 번갈아 가며 수련할 필요는 없습니다. 오히려 더 복잡하게 느껴지므로 지도자가 지도하는대로 따라오시면 나중에는 저절로 기술을 터득하게 됩니다.

이것은 대련의 본(스파링에서 자주 사용하는 공권유술 느낌을 주는 기술) 기본(5본), 초본(5본), 정본(5본), 진본(5본), 상본(5본) 모두 마찬가지입니다.

공권유술의 모든 훈련시스템은 선수들만을 위한 시스템이 아닌 일반인들을 위한 시스템입니다. 공권유술은 종합무술적인 성향을 가지고 있으나 이종격투기가 아닙니다.

사회체육무도에 대한 성격을 띠면서 실전무술의 색깔을 흐리지 않도록 프로그램 되어 있는 것입니다. 공권유술은 일반인들의 수련에 모든 프로그램이 맞추어져 있습니다.

공권유술의 시합에 출전하는 선수를 위하여 일반수련생의 수련에 지장을 주어서는 안 된다는 생각은 예나 지금이나 변함이 없습니다. 그러므로 만약 수련생 여러분 중 공권유술의 시합에 출전하기 위하여 훈련하고 싶다면 시합시즌에 따로 훈련을 시작해야 합니다.

예를 들어 공권유술 대회가 10월달에 있다면 일반수련을 함께 하다가 시합 2개월 전에 선수들을 구성하여 시합을 위한 특별훈련을 따로 하는 것입니다. 그때는 오로지 공권유술 시합의 룰에 따른 실전대련테크닉만을 전문으로 훈련합니다. 하지만 비시즌에는 일반인들과 함께 공권유술의 프로그램을 수련합니다. 그것이 공권유술을 수련하는 공권인의 자세입니다.

*참고자료
"다음카페 블로그 중국에서 뜨는별"
"네이버 블로그 몸도 튼튼 마음도 튼튼" 그리고 인터넷 사이트의 이것저것 검색어...

현대의 무술이 서서히 무용화되어 가고 무술적
의미가 오락적 요소로 바뀌는 현실에서
1996년 창시된 신생무술인 공권유술은
한국에서 창시된, 한국인의 체형에 맞는 그리고
한국인의 정서에 맞는 무술로 깊이 뿌리내리며
정착되어 가고 있다. 공권유술에 관심 있는 분들에게
좋은 자료가 될 다양한 도서들을 소개하고자 한다.

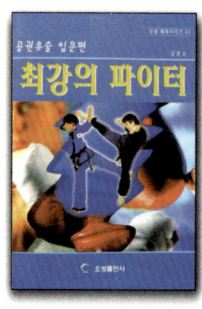

최강의 파이터(입문편)

페이지 : 190 쪽 (신국판)   가격 : 7,000 원

이 책은 각종 격투 무술의 장점만을 골라서 수록해 놓았기 때문에 세상의 모든 무술을 초월하여 진정한 최강의 파이터가 되고자 하는 사람들이라면 한 번 쯤 읽어야 할 필독서이다. 이 책에서 소개하고 있는 무술은 모든 무술을 넘어선 공권유술도로서 이는 일정한 형식과 틀에서 벗어난 자유롭고 철학적인 무술이며 일반 무술에서는 찾아볼 수 없는 기술과 이론들로 이루어져 있다.

최강의 파이터(실전편)

페이지 : 258 쪽 (신국판)   가격 : 8,000원

이 책은 〈최강의 파이터(입문편)〉과 연계된 내용으로 입문편을 응용하여 실전에서 쓸 수 있는 다양한 무술방법들이 소개되어 있다. 입문편보다 한 단계 업그레이드 된 기법과 응용법에 대해 나와 있으므로 좀 더 공권유술을 숙달하고자 하는 독자들에게 많은 도움이 될 것이다.
일반 무술의 특징에서는 찾아볼 수 없는 기술과 이론, 유파를 초원한 실용화된 무술을 공권유술이라고 한다. 각종 격투무술의 정점만을 골라 자신만이 할 수 있는 가장 유리한 기술을 습득하도록 도와주는 무술 지침서이다.

공권유술 바이블(타격기편)

페이지 : 240 쪽 (4×6배판)   가격 : 17,000 원

이 책에서는 최적의 스탠스와 포지션, 발놀림-풋워크, 수기, 수기에 의한 공방, 족술과 실전 테크닉, 실전 스파링으로 구성하여 공권유술이 왜 실전에서 강할 수밖에 없는지를 타격기 중심으로 확실히 알 수 있도록 엮었다. 또한 부록에서는 공권유술의 수련시스템, 기술체계, 지도자 연수안내 등 공권유술에 대한 다양한 정보들을 제공하고 있어 공권유술에 관심 있는 분들에게 좋은 자료가 될 것이다.

실전대련테크닉

페이지 : 416 쪽 (4×6배판)   가격 : 30,000 원

수년간의 집필과 사진 작업으로 만들어낸 한국 최초의 토털 무술 전문서적인 이 책은 방대한 분량과 1000컷이 넘는 컬러 사진들로 구성, 시각적인 효과를 높여 독자들이 테크닉을 쉽게 익힐 수 있도록 하였다. 또한 내용상으로 보면 전문타격기와 메치기 그리고 와술 기법을 동시에 수련하고 어떠한 상황에서도 상대를 일격필살할 수 있는 최고의 기술로만 엮어 놓았다.

싸움 잘하는 놈의 비밀노트

페이지 : 176 쪽 (신국판)   가격 : 15,000 원

자신의 몸을 지키고 재산과 가족을 지키는 획기적인 호신술을 알려주는 책. 주먹 쥐는 법, 격투자세, 눈싸움, 실전기술 등 실제 싸움에서 유리한 입장에 놓일 수 있는 다양한 기술들을 정리하였다. 공권유술협회장으로서 그동안 공권유술의 이론과 실전기술들을 정리해 온 저자가 일반인들도 쉽게 접근할 수 있도록 기술하였다. 부록으로 저자가 제자들에게 공권유술을 수련, 지도하는 모습을 담은 '최강의 파이터' DVD를 제공한다.

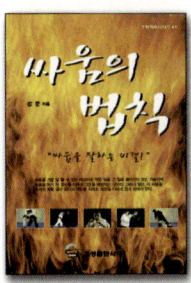

싸움의 법칙

페이지 : 216 쪽 (신국판)   가 격 : 8,000 원

싸움을 잘하는 비결을 알려주는 책. 적극적인 호신기법을 무술인이 아닌 평범한 사람들이 이해할 수 있도록 기술하였다. 수동적인 호신보다 적극적인 호신이 자신을 더욱 확실히 보호할 수 있다는 사실을 예시하고 있다. 또한 자신을 지키고 위험에서 벗어나기 위해서는 기술적인 문제뿐만 아니라 심리적 상태가 위기능력을 좌우할 수 있다는 것을 강조하였다.

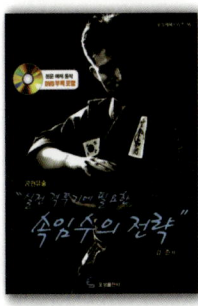

속임수의 전략

페이지 : 184 쪽 (4×6배판)   가 격 : 15,000 원

실전스파링에서 사용할 수 있는 입식에서의 기습적 관절기를 수록하고 있다. 이러한 기습적 관절기는 저자가 개발한 획기적인 무술테크닉이다. 특히, 실전 스파링에서 필요한 페이크(fake)로 상대를 속이고 공격하는 전략적 기술이 상세히 소개되어 있어 누구나 쉽게 이해할 수 있을 것이다. 책의 뒷면에는 부록으로 삽입된 DVD가 있는데 이것은 2007년 4월 오스트레일리아에서 실시했던 공권유술 순회 세미나 중 일부를 담았다.
이 DVD의 안에는 일선 무술에서는 볼 수 없는 기발한 시범들과 기술을 볼 수 있다.

| 판권 |
| 본사 |
| 소유 |

누구나 무술의 달인이 되는 간단한 방법

2009년 1월 25일 초판 1쇄 발행

저 자 : 강 준
발행인 : 김 중 영
발행처 : 오성출판사

서울시 영등포구 영등포동6가 147-7
TEL : (02) 2635-5667~8
FAX : (02) 835-5550

출판등록 : 1973년 3월 2일 제13-27호
ISBN 978-89-7336-732-0
www.osungbook.com

값 12,000원

※파본은 교환해 드립니다.
※독창적인 내용의 무단 전재, 복제를 절대 금합니다.